아하! 한국어 1

A-ha! Korean

Word List

숙명여자대학교 한국어교재위원회

KM 경문사

차례

1과

인사와 소개

대화 1

안녕하세요	Hellow
네	yes
만나다	to meet
반가워요(반갑다).	Nice to meet you
저	'저' is a humble from of '나' (Plain from, first person pronoun)
브라질	Brazil
브라질 사람	Brazilian

대화 2

직업	job, occupation
뭐	what
선생님	teacher
회사원	employee, worker, company staff
학생	student
아니요	No

대화 3

-씨	Mr./Miss 씨, as in 베라 씨 denotes the speaker's courtesy toward cilleagues, co-workers or supervisors at work. It is not appropriate to use 씨 to refer to one's seniors.
오래간만(오랜만)이에요.	Long time no see. (오래간만의 준말)
정말	really, very, indeed
잘	well
지내다	to spend one's time, to get on
어떻게	how
어떻게 지냈어요?	How have you been?
잘 지냈어요.	I was good.

어휘

사물(thing)

그림	picture
문	door
책	book
볼펜	ball-point pen

사과	apple
아이스크림	ice cream
연필	pencil
이름	name
지우개	eraser
창문	window
책상	desk
칠판	blackboard
컴퓨터	computer

직업(job)

선생님	teacher
학생	student
의사	doctor
간호사	nurse
가수	singer
경찰	policeman
군인	soldier
기자	reporter
요리사	cook
사업가	businessman
운동선수	sports player
영화배우	movie actor/actress

문법

친구	friend
여자	woman
눈	eye
예쁘다	to be pretty
비	rain
오다	to come, to drop(to rain, to snow)
좋다	to be good
취미	hobby
저것	that
영화	movie
재미있다	to be interesting, to be funny

활동

캐나다	Canada
이집트	Egypt
터키	Turkey
여러분	everybody
국적	nationality
스위스	Swiss
러시아	Russia
나라	country
몽골	Mongolia
경찰	police

기자	journalist
은행원	bank teller
교수	professor
외교관	diplomat
명함	business card
언어교육원	language institute
강사	lecturer

2과

하루 일과

대화 1

오늘	today
몇	at what time, how many
월	month
며칠	what day, the date
8월	August
28일	28th
무슨	what kind of, some kind of
요일	a day of the week
금요일	Friday
지금	now
시	hour, time
오후	afternoon
분	minute

대화 2

무엇	what, something, anything
하다	to do, to act
한국어	Korean Language

공부하다	to study
수업	class
끝나다	to finish
점심	lunch
같이	together
먹다	to eat

대화 3

토요일	Saturday
뭐('무엇' 의 준말)	what, something, anything (contraction form of '무엇')
운동(을 하다)	exercise (to exercise)
뭘('무엇을' 의 준말)	what kind of, what sort of (contraction form of '무엇을')
쇼핑(을 하다)	shopping (to go shopping)
요리(를 하다)	cooking (to cook)
불고기	Bulgogi; Korean roast beef
만들다	to make

어휘

수(number)

Aarbic numbers	Sino Korean	Native Korean
1	일	하나
2	이	둘

3	삼	셋
4	사	넷
5	오	다섯
6	육	여섯
7	칠	일곱
8	팔	여덟
9	구	아홉
10	십	열
20	이십	스물
30	삼십	서른
40	사십	마흔
50	오십	쉰
60	육십	예순
70	칠십	일흔
80	팔십	여든
90	구십	아흔
100	백	
1000	천	
10000	만	

월(Month)

1월(일월)	January
2월(이월)	February
3월(삼월)	March

4월(사월)	April
5월(오월)	May
6월(육월)	June
7월(칠월)	July
8월(팔월)	August
9월(구월)	September
10월(시월)	October
11월(십일월)	November
12월(십이월)	December

요일(Day)

월요일	Monday
화요일	Tuesday
수요일	Wednesday
목요일	Thursday
금요일	Friday
토요일	Saturday
일요일	Sunday

수+단위명사(Number+Counters)

한 (번)	one time
두 (번)	two times
세 (번)	three times
네 (번)	four times

다섯 (번)	five times
여섯 (번)	six times
일곱 (번)	seven times
여덟 (번)	eight times
아홉 (번)	nine times
열 (번)	ten times
스무 (번)	twenty times
서른 (번)	thirty times
마흔 (번)	forty times
쉰 (번)	fifty times
백 (번)	one hundred times

동사(Action verb)

가다	to go
오다	to come
보다	to look
자다	to sleep
살다	to live
만나다	to meet
받다	to receive
앉다	to sit
일어나다	to get up
먹다	to eat
읽다	to read

듣다	to listen
쓰다	to write
마시다	to drink
배우다	to learn
춤추다	to dance
기다리다	to wait for
가르치다	to teach
공부하다	to study
운동하다	to exercise
요리하다	to cook
전화하다	to call
쇼핑하다	to do shopping
등산하다	to hike
청소하다	to clean
좋아하다	to like
사랑하다	to love

문법

음악	music
학교	school
일하다	to work
볼링	bowling
음식	food
과일	fruit

바나나	banana

활동

야구	baseball
달력	calender
날짜	a date
생일	brithday
그럼	then; well (then)
농구(를 하다)	basketball (to play basketball)
여자 친구	girl friend
두 사람	two people
청소(를 하다)	cleaning (to clean)
일어나다	to get up, to wake up
오전	before noon, a.m.
아침-점심-저녁	morning-lunch time-evening
인터넷	internet

3과

교통

대화 1

방	room
있다	to be locted, to be there, to stay
그리고	and
침대	bed
위	on, above
공책	notebook

대화 2

도서관	library
어디	where, location of the place
우체국	post office
−이/가 어디에 있어요?	Where is/are _____?
옆	next to
건물	building
뒤	behind
이/그/저	this/that/that over there

대화 3

근처	neighboring, near around
은행	bank
여기서	here('여기에서' 의 준말)
오른쪽	the right side
얼마나	how long
걸리다	to take time
얼마나 걸려요?	How long does it take?
쯤	about, around
미터	meter

대화 4

지하철	subway
4호선	line number 4
타다	to get on
역	station
내리다	to get off

어휘

방향과 위치(Direction and Loaction)

위	up
아래	down
앞	front

뒤	back
안	inside
밖	outside
옆	beside
사이	between
오른쪽	right side
왼쪽	left side

교통수단(Transportation)

버스	bus
택시	taxi
기차	train
배	boat
자전거	bicycle
비행기	airplane
자동차	car
지하철	subway
오토바이	motorbike
*걸어서	on foot

장소(Place)

학교	school
대학교	university
기숙사	dormitory

회사	company
은행	bank
서점	bookstore
미용실	hair saloon
빵집	bakery
식당	restaurant
극장	movie theater
병원	hospital
우체국	postoffice
화장실	rest room

문법

교실	classroom
김치	Kimchi, a spicy pickled vegetables seasoned with garlic, red pepper, ginger
축구	soccer; football
잡채	a mixed dish of vegetables and sliced meat
빵	bread
샐러드	salad
지우개	eraser
비빔밥	boiled rice with assorted mixtures
사다	to buy

그리다	to draw
의자	chair
클래식	classical music
재즈	Jazz
걷다(걸어서)	to walk (on foot)
회사	comapny
길	road
건너다	to across
편지	letter

활동

옷	clothes
위치	position
옷장	clothes chest
나무	tree
창문	window
고양이	cat
책상 서랍	desk drawer
가구	furniture
욕조	bathtub
비누	soap
수건	towel
변기	toilet
냉장고	refrigerator

컵	cup
지도	map
병원	hospital
영화관	movie theater
횡단보도	cross walk
슈퍼마켓	supermarket
약국	pharmacy
은행	bank
지하철역	subway station
육교	overhead bridge, overpass
사거리	crossroads, intersection
교통	traffic
도착지	destination
환승역	transfer station
갈아타다	to transfer
노래방	singing room, karaoke
수영장	swimming pool
백화점	department store
정문	front gate
빵집	bakery

4과

취미와 여가 생활

대화 1

음악 감상	listening to music
그래서	so
콘서트	concert
자주	frequently, often
취미가 뭐예요?	What's your hobby?
무슨 음악을 좋아하세요?	What kind of music do you like?

대화 2

겨울	winter
스노보드	snowboard
그럼요	of course

대화 3

여행(을 하다)	travel (to travel)
많이	mostly, chiefly
강원도	Gangwon Province
유명하다	to be famous

단풍	a maple, autumn leaves
바다	sea, ocean

어휘

운동(Excercise)

테니스	tennis
탁구	table tennis
볼링	bowling
배드민턴	badminton
골프	golf
농구	basketball
야구	baseball
축구	football
배구	volleyball
스키	sking
자전거	bicycle
스케이트	skate
스노보드	snowbord

취미(Hobby)

독서	reading books
노래	song
요리	cooking
쇼핑	shopping

춤	dance
운동	exercise
음악 감상	listening to music
영화 감상	watching movie

문법

커피숍	coffee shop
우체국	post office
운동장	play ground
약국	drugstore, pharmacy
승마클럽	riding club
학원	(educational) institute, an academy
주차장	parking lot
피아노	piano
말	horse
국수	noodles
소풍(을 가다)	picnic (to go on)
칠판	blackboard, chalk-board
딸기	strawberry
신발	shoes

활동

사진	photo
찍다	to take a picture
운전(을 하다)	driving (to drive)
중국어를 하다	to speak Chinese
피아노를 치다	to play the piano
모두	all, everything
다르다	to be different
겨울 방학	winter vacation
스키장	ski resort
새	bird
꽃	flower
축구 경기	soccer game
농구 경기	basketball game

5과

전화

대화 1

여보세요?	Hello(telephone call).
그런데요	Yes, it is.
실례지만 누구세요?	Excuse me, Who is this?
잠깐 기다리세요.	Wait a moment, please.
누구	who
잠깐	just a moment
바꾸다	to change
기다리다	to wait

대화 2

언어교육원	language institute
직원	employee, the staff
다시 전화 드리겠습니다.	I will give you a call again.
알겠습니다	I see.
안	not
다시	again
전화(하다, 드리다)	telephone (to call)

드리다('주다' 의 높임말)	to give(honorific expression of '주다')

대화 3

휴대폰	cellular phone
아니에요	No
몇 번	which number
잘못	by mistake, wrongly
걸다	to call
죄송하다	to be sorry

대화 4

중국집	Chinese restaurant
자장면	Chinese style noodle
한 그릇	one bowl
짬뽕	a Chinese style spicy noodle
갖다 주다	to bring
동	dong (classifier for building)
호	room number

어휘

전화를 걸다	to give a call
전화를 받다	to answer

전화를 끊다	to hang up
문자를 보내다	to send message
문자를 받다	to receive message

문법

끄다	to turn off
노래	song
치킨 집	chicken restaurant
배달하다	to deliver
김치찌개	kimchi stew
바쁘다	to be busy
쉬다	to take a rest
등산하다	to climb a mountain, to go mountain
깨끗하다	to be neat, to be clean
웃다	to laugh
강아지	puppy

활동

상담원	consultant
고객님	customer
주문	order
도와 드리다	to help
콤비네이션	combination

피자	pizza
판	plate
콜라	coke
전화번호	telephone number
피자집	Pizza place
하숙집	boarding house
아줌마	middle aged woman
사무실	office
약속	promise
산	mountain
출구	exit
입구	entrance
내일	tomorrow
이번 주	this week
모레	the day oter tomorrow
종이	paper
우동	the Japanese style thick nooldes
프라이드 치킨	fried chicken
양념치킨	seasoned fried chicken
한 마리	one whole chicken
반 마리	half of chicken
상자	box
통	container
댁	house(honorific word of '집')

음악회	concert
표	ticket
시작하다	to begin

6과

쇼핑

대화 1

어서 오세요.	Welcome!
바지	pants, trousers
얼마예요?	How much is it?
좀	little bit
비싸다	to be expensive
다른	different, another
한번 입어 보세요.	Why don't you try?
작다	to be small
잠깐만	just a minute
조금	some, a little, a few
깎다	to discount(a price)
그럼	and then
깎아 주세요.	I need a discount. Come down a littel more, please

대화 2

아저씨	middle aged man(a man for calling a man store keeper)

생선	fish
마리	counting nouns for animals and fishes
양념	seasoning

대화 3

백화점	department store
너무	really, too much
세일(을 하다)	sale (to be on sale)
이번	this
주	week

어휘

물건(Goods)

바지	trousers, pants
치마	skirt
구두	shoes
넥타이	necktie
가방	bag
생선	fish
우유	milk
꽃	flower

형용사(Adjectives)

싸다	to be cheap
비싸다	to be expensive
좋다	to be good
나쁘다	to be bad
크다	to be big
작다	to be small
예쁘다	to be pretty
재미있다	to be interesting
재미없다	to be uninteresting
쉽다	to be easy
어렵다	to be difficult

문법

빌리다	to borrow
운전을 하다	to drive
싫다	to dislike
오이	cucumber
장미꽃	rose

활동

수박	watermelon
포도	grape
우유	milk

샴푸	shampoo
양말	socks
영수증	receipt
마트	mart
닭고기	chiken
치즈	cheese
라면	ramyon, instant noodle
계란	egg
총액	sum, total
돈	money
받은 돈	received money
거스름돈	change
내다	to pay
인터넷 쇼핑	shopping on the internet
편하다	to be comfortable
먼저	first
선택하다	to choose, to select
결제	payment, settlement
신용카드	credit card
순서	order

7과

가족과 친구

대화 1

가족	family
사진	picture
분	counting noun for person (honorific expression)
부모님	parents
맞다	to be right, to be correct
아버지	father
직장	job, work, workplace
어머니	mother
주부	housewife
아이	kid
여동생	younger sister
귀엽다	to be cute
누구예요?	Who is this?
다니다	to attend (school, company)

대화 2

모두	all together
언니	elder sister
닮다	to resemble (usually you can use past tense)
그런데	well, by the way

대화 3

가장	most
친하다	to be intimate, to be close
고등학교	high school
활발하다	to be active
어떤	what kind of, like what
성격	character, personality, nature

어휘

외모(appearance)

키가 크다	to be tall(one's height)
키가 작다	to be short(one's height)
귀엽다	to be cute
멋있다	to be stylish, to be fashionable

성격(personality)

활발하다	to be active
조용하다	to be quiet

높임법(honorifc)

계시다-있다	to be, to stay
드시다-먹다	to eat
주무시다-자다	to sleep
댁-집	house, home
성함-이름	name
생신-생일	birthday
말씀-말	words, talks, saying

문법

세수(를 하다)	face washing(to wash one's face)
샤워(를 하다)	a shower (to take a shower)
무섭다	to be terrible, to be fearful, to be afraid of
슬프다	to be sad
고기	meat
달다	to be sweet
친절하다	to be kind, to be nice
춥다	to be cold (weather)

덥다	to be hot (weather)
맵다	to be spicy
더럽다	to be dirty
아프다	to be sick, to be ill
배고프다 (배가 고프다)	to be hungry
낮	day, daytime
밤	night
배부르다(배가 부르다)	to be full, to have a full stomach
산책	walk, stroll
늦게	late
지각하다	to be late for (school, company)
기분	feeling

활동

할아버지	grandfather
할머니	grandmother
형	older brother (only men say this)
가계도	a family free
날씨	weather
선물	present, gift
키	stature; one's height
머리	head, hair style

어느	which
함께	together
살다	to live
우리	we. our
대학생	university student
고등학생	high school student
날씬하다	to be slender
전공	major
오빠	older brother (only women say this)
열심히	eagerly, zealously
짧다	to be short
치마	skirt
활발하다	to be active

8과

병원

대화 1

열(이 나다)	fever (to have)
목	neck
목감기	sore throat
푹(쉬다, 자다)	enough, sufficiently (to take a rest, to sleep)
푹 쉬세요	Please take a rest fully.

대화 2

약국	pharmacy
처방전	prescription
여기 있습니다.	Here it is.
잠시 후	after a while
식사	meal
알겠습니다	I understand.
약	medicine
물약	liquid medicine

대화 3

발	foot
다치다	to be injured, to get hurt
붓다	to swell (up), to become bloated
마사지(를 받다)	massage (to receive)
동안	during, for

어휘

증세(Sympyom)

소화가 안되다	to be indigestible
기침을 하다	to cough, to have a cough
화상을 입다	to be burned, to be have suffer a burn
열이 나다	to have a fever
다리가 부러지다	to get broken in one's leg
콧물이 나다	to have runny nose

병원(Hospital)

내과	internal medicine
피부과	dermatology
소아과	pediatrics
정형외과	orthopedics
이비인후과	ear-nose-and-throat department
산부인과	obstetrics

문법

월급을 받다	to receive salary
일찍	early

활동

증세	symptoms the condition of illness
화상을 입다	to be burnt
봉투	paper bag
하루	one day
전	before
후	after
처방하다	to prescribe
두통약	headache pill
감기약	cold medicine
파스	medicated patch
반창고	band aid
소화제	digestive medicine
비타민	vitamin
환자	a patient
병명	the name of a disease
코감기	sinus cold
디스크	slipped disc
마사지	massage

알레르기	allergy
연고	aintment
피부	skin
가렵다	to be itch
문제	problem, drawback
코피	nosebleed
멀미	(travel) sickness
살찌다	to gain weight
생활	life
몸	body
마음	mind, spirit
건강하다	to be healthy

9과
식당과 음식

대화 1

종업원	empolyee (waiter, waitress)
비빔밥	bibimpop (rice with various kinds of vegetables)
칼국수	noodles
맛있다	to be delicious

대화 2

햄버거	hamburger
주문하다	to order
도와 드리다('도와주다' 의 높임말)	to help (honorific expression of '도와주다')
불고기 버거	bulgogi burger
세트	set
치킨 버거	chicken burger
음료	drink, beverage
콜라	coke
싸다	to wrap, to pack up

대화 3

됐어요	It's O.K.
떡	teeok (Korean rice cake)
제일	most
당면	Korean noodles (made of starch)
야채	vegetable

어휘

음식(food)

김밥	gim-bap
비빔밥	boiled rice with assorted mixtures
불고기	bulgogi; Korean roast beef
김치	kimchi
삼계탕	samgyetang; chiken soup with ginseng
갈비탕	beef-rib soup
잡채	mixed dish of vegetables and sliced meat
자장면	chinese noodles
피자	pizza

맛(taste)

짜다	to be salty

싱겁다	to be not salty
맵다	to be spicy
쓰다	to be bitter
달다	to be sweet
시다	to be sour

문법

수영장	swimming pool
수영하다	to swim
공원	park
산책하다	to take a walk
신문	newspaper
공항	airport
골프(를 치다)	gol (to play golf)
고향	home town, birth place
춤을 추다	to dance
내년	next year
서점	booksotre
소설책	novel
사무실	office
피자	pizza
파티	party
약속	promise, appointment

활동

시다	to be sour
쓰다	to be bitter
짜다	to be salty
한식당	Korean Restaurant
양식당	Western Restaurant
일식당	Japanese Restaurant
중국식당	Chinese Restaurant
뷔페식당	buffet
햄버거 가게	hamburger store
메뉴판	menu
1인분	protion for one person
쇠고기	beef
채소	vegetable
간장	soy[soya] sauce
설탕	sugar
참기름	sesame oil, gingili
파	green onion
양파	onion
마늘	garlic
썰다	to slice
프라이팬	frying pan
굽다(구워요)	to roast, broil

소개하다	to introduce
재료	material, ingredients
필요하다	to be necessary

10과

계절과 날씨

대화 1

계절	season
가을	fall, autumn
날씨	weather
시원하다	to be cool, to be refreshing
아름답다	to be beautiful
겨울	winter
춥다	to be cold
눈	snow

대화 2

덥다	to be hot (weather)
여름	summer
장마철	rainy season
맑다	to be fine, to be clear (weather)

대화 3

대체로	generally, mostly, overall
따뜻하다	to be warm
약간	a little, a bit

안개	fog, mist
기온	temperature
영상	degrees above zero
15도	fifteen degrees above zero
오르다	to rise, to go up
그렇지만	but, though, nevertheless, however
바람	wind
이상	beyond, above, this is all
기상 캐스터	weather caster

어휘

계절(Seasons)

봄	spring
여름	summer
가을	fall, autumn
겨울	winter

날씨(Weather)

구름(이 끼다)	cloud
눈(이 오다, 내리다)	snow
바람(이 불다)	wind
비(가 오다, 내리다)	rain
안개(가 끼다)	fog, mist

해	sun
덥다	to be hot (weather)
따뜻하다	to be warm
시원하다	to be cool, to be refreshing (weather, drink)
선선하다	to be cool, to be refreshing (weather)
쌀쌀하다	to be chilly, to be nippy
춥다	to be cold
맑다	to be fine, to be clear (weather)
흐리다	to be cloudy
개다	to clear up
장마철	rainy season

문법

높다	to be high
낮다	to be low
넓다	to be wide
좁다	to be narrow
무겁다	to be heavy
가볍다	to be light
뜨겁다	to be hot, to be heated
차갑다	to be cold, to be chilly, to be icy
감기(에 걸리다)	cold, flu (to catch)

친절하다	to be kind, to be nice
매일	every day
합격하다	to pass an exam
생신	birthday (honorific expression of 생일)
늦잠(을 자다)	oversleeping (to get up late)
독감(에 걸리다)	influenza, the flu, a bad cold (to catch)
와	wow, oh
피곤하다	to be tired
반	a class, a team
일등(하다)	the first rank , the first place(to get)
기분이 좋다	to feel good
행복하다	to be happy

활동

꽃(이 피다)	flower (to bloom)
단풍(이 들다)	a maple (to turn red)
선선하다/시원하다	to be cool
쌀쌀하다	to be chilly
전국	all parts of the country
도시	city
온도	temperature

영상	degrees above zero
영하	degrees below zero
더	more

11과

초대와 축하

대화 1

결혼하다	to marry, to get married
어머	Oh, Oh my goodness!, Good gracious!
축하하다	to congratulate, to celebrate
결혼식	wedding ceremony
청첩장	wedding invitation card
꼭	certainly, surely, without fail
초대하다	to invite
신혼여행	honeymoon trip
제주도	Jeju island
꼭 오세요.	Please be sure to come.

대화 2

집들이	housewarming party
참	really
세제	detergent, cleanser
휴지	tissues
구경하다	to look on, to see the sights

서재	a room used as a study
침실	bedroom
멋지다	to be great, to be wonderful
들어오세요.	Please, come in.
음식 좀 드세요	Help yourself, please.

대화 3

아기	baby
돌잔치	first birthday party
생일잔치	birthday party
한복	traditional Korean clothes
돌잡이	doljabi: a baby's selection of his preference from among his first birthday presents

어휘

가족 행사(occasion/ ceremony)

결혼식	wedding ceremony
집들이	house warming party
백일잔치	a party given to 100 day old baby
돌잔치	first birthday party
생일파티	birthday party
환갑잔치	one's 60th birthday party
팔순잔치	one's 80th birthday party

문법

포도	grape
씻다	to wash
열다	to open
핸드폰	cellular phone, mobile phone
사용하다	to use
화장실	toilet, bathroom, rest-room
팝콘	pop corn
박물관	museum
사진을 찍다	to take a photo
연락(하다)	contact, communication (to make)
담배(를 피우다)	tobacco, cigarette (to smoke)
나쁘다	to be bad, to be harmful
끊다	to cut, to quit

활동

이사(를 하다)	moving (to change one's residence)
보통	usually
비누	soap
잡다	to hold, to take, to grasp
의미	meaning
물건	a thing, an object

초대장	invitation (card)
시간(이 있다)	time (to have a time)
준비물	my material, things that you will need
약혼식	engagement ceremony
드림	with_: use the end of letter to respect person (Verb드리다 transfer to Noun by attaching noun suffix ㅁ)
집다	to pick
송년회	year-end party
계획	plan, make a plan
음료	a beverage, a drink
진행 순서	progress, procedure
새	new
인생	life
꼭	surely, certainly
신랑	(bride)groom
신부	bride
예식장	wedding hall
실	thread
쌀	rice (uncooked)
특별하다	to be special

12과

우체국과 은행

대화 1

소포	parcel
어떻게 오셨어요?	How can I help you?
부치다/보내다	to send

대화 2

환전하다	to exchange money
엔화	the yen
환율	exchanging rate
여권	passport
외국인등록증	foreigner registration
보여 주다	to show
무엇을 도와드릴까요?	What can I do for you?
엔화를 환전하고 싶어요	I want to change the yen (currency)

대화 3

통장	bankbook
번호표	number card
신청서	application form
뽑다	to take out, to select
번호	number
여기 있습니다.	Here it is.
직원	staff

어휘

은행(bank)

타행송금	sending money to order bank
타행입금	deposit to other bank
무통장 입금	making a deposit without a bankbook
지급표	receipt
서명	signature
송금	remittance, sending money
입금	deposit
예금주	account holder
주민등록번호	resident registration number
외국인등록번호	foreigner registration number
계좌번호	account number
연락처	contact number
수수료	commission, charge

수표	check
현금	cash
도장	seal. stamp
신분증	identity card, ID card
비밀번호	password
환전	exchanging money

우체국(post office)

편지	letter
택배	parcel delivery service
소포	parcel
우편	mail, post
빠른우편	express mail
보통우편	ordinary mail(post)
항공 우편	air mail, aviation, flight
배편	by ship
무게	weight
중량	weight
요금	charge, fee
편지지	letter paper
편지봉투	envelope
우표	stamp
엽서	postcard
보내는 사람	sender

문법

받는 사람	recipient
미용실	beauty shop
머리를 자르다	to get a haircut
조용히	quietly, silently
주차하다	to park a car
떠들다	to make a noise
이야기하다	to talk, to converse
계단	stairs, steps
뛰다	to run, to jump
동물원	zoo
떡볶이	a broiled dish of sliced rice cake, meat and hot seasoning
사이다	soda pop, carbonated drinks
배	pear
화장품	cosmetics
꽃	flower

활동

저울	scale
때문에	for that reason, because of
일주일	one week
며칠 동안	for a few days
놀이공원	amusement park

화면	screen
신청서	application form
도장을 찍다	to stamp
수수료	a commission
찾다	to find, to withdraw
사인하다	to sign one's name

Memo

Memo

Memo

아하! 한국어 1

A-ha! Korean

Work Book

숙명여자대학교 한국어교재위원회

- **김경령**
  University of Illinois at Urbana Champaign, Ph. D
  숙명여자대학교 한국어문학부 부교수
  국제언어문화교육원 한국어교육센터장

- **이홍식**
  서울대학교 국어국문학 문학 박사
  숙명여자대학교 한국어문학부 교수

- **문금현**
  서울대학교 국어국문학 문학 박사
  숙명여자대학교 한국어문학부 부교수

- **이소영**
  숙명여자대학교 한국어문학부 문학 박사
  국제언어문화교육원 한국어 객원교수

- **이영희**
  숙명여자대학교 국어국문학 문학 박사
  주한미국대사관 한국어 강사

- **엄소연**
  숙명여자대학교 한국어문학부 문학 박사 수료
  국제언어문화교육원 한국어 책임강사

〈연구보조원〉

- **이세훈**
  숙명여자대학교 한국어문학부 문학 박사 수료
  국제언어문화교육원 한국어 강사

- **우보의**
  숙명여자대학교 한국어문학부 문학 석사

- **Richard Dubois**
  숙명여자대학교 영어영문학부 강의 교수

일러스트 정효정

아하! 한국어 1

(Student's Book, Work Book, CD, Word List)

지은이　숙명여자대학교 한국어교재위원회
펴낸이　조경희
펴낸곳　경문사
펴낸날　2011년 9월 5일
　　　　2017년 4월 20일
등 록　1979년 11월 9일 제313-1979-23호
주 소　04057, 서울특별시 마포구 와우산로 174
전 화　(02)332-2004 팩스 (02)336-5193
이메일　kyungmoon@kyungmoon.com
facebook　facebook.com/kyungmoonsa

값 30,000원

ISBN 978-89-6105-500-0
ISBN 978-89-6105-498-0(세트)

아하! 한국어 1

A-ha! Korean

Work Book

숙명여자대학교 한국어교재위원회

KM 경문사

머리말

Preface

한국어는 숙명여자대학교에서 개발한 한국어 교재 시리즈로 한국어를 배우고자 하는 성인 학습자를 대상으로 한국어 표현 능력과 이해 능력을 증진시키는 데에 목표를 두고 개발하였다.

한국어는 한국어 교육의 가장 기본이 되는 '한글' 습득 단계 교재를 시작으로 5권의 주교재와 이에 따른 5권의 보조교재, 듣기와 말하기 기능을 보조하는 CD, 각각의 텍스트에서 소개되는 단어를 정리한 단어장 그리고 교사지침서 등으로 구성되었다. 주교재에서는 주제 중심으로 단원을 구성하였고 각각의 대화문은 실생활에서 쉽게 접할 수 있는 상황 및 기능이 제시되었다. 다양한 방법으로 문형 연습을 할 수 있도록 지문을 구성하였고 보조 교재를 통해 학습자 스스로 배운 문형과 어휘를 점검하고 복습할 수 있도록 하였다. 단원마다 새로 소개되는 어휘의 뜻을 수시로 빠르게 점검할 수 있도록 지면 구성의 효율성에 힘썼다. 또한 교사지침서를 제작하여 본 교재를 좀더 체계적으로 교사가 사용할 수 있도록 한국어 발음, 문법, 어휘, 교수법 등에 대한 자세한 내용을 수록하였다. 무엇보다도 본 교재의 특징은 언어 교수 이론에 근거한 효율적인 교수법들이 내용 전반에 깔려 있어 한국어를 보다 쉽게 이해하고 습득할 수 있도록 한 점이다.

본 교재는 외국인 학습자를 대상으로 다년간 한국어를 강의한 교육 경험이 풍부한 전문 한국어 교사진과 국어학 및 언어 교수 이론에서 전문성을 확보하고 있는 연구진의 공동 작업으로 완성되었다. 오랜 기간에 걸쳐 집필 및 출판 과정에 헌신적으로 참여해 준 한국어 교사진과 연구진, 기획과 출판 과정에서 적극적으로 협조를 해 주신 경문사 박문규 사장님께 감사를 드린다.

특별히 본 교재가 출간될 수 있도록 아낌없는 지원을 해 주신 한영실 총장님과 도움의 말씀을 주신 한국어문학부 교수님들께 감사를 드린다.

2011년 8월

김경령

일러두기

Preview

숙명한국어 workbook 1은 숙명한국어 1 교재를 교사와 함께 학습한 후 학습자가 배운 내용을 스스로 확인할 수 있도록 하였다.

본 교재는 숙명한국어 1과 같이 총 12과로 이루어져 있으며, 각 과는 어휘, 문법, 쓰기의 3 영역으로 구성되어 있다.

어휘

'어휘' 는 해당 과의 주제와 관계 있는 어휘를 익힐 수 있도록 하였는데 다양한 그림, 사진과 함께 줄 긋기, 그림 보고 해당 어휘 찾기, 순서대로 쓰기 등의 활동이 제시되어 있다.

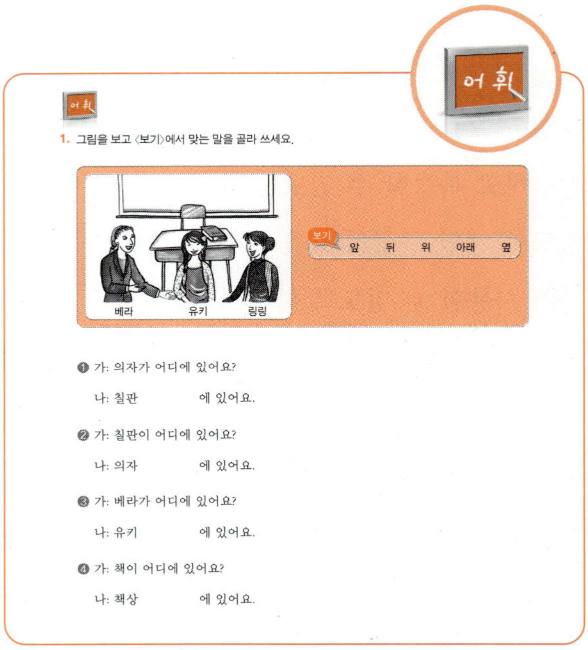
어휘

1. 그림을 보고 <보기>에서 맞는 말을 골라 쓰세요.

베라 유키 링링

보기 앞 뒤 위 아래 옆

❶ 가: 의자가 어디에 있어요?
나: 칠판 에 있어요.

❷ 가: 칠판이 어디에 있어요?
나: 의자 에 있어요.

❸ 가: 베라가 어디에 있어요?
나: 유키 에 있어요.

❹ 가: 책이 어디에 있어요?
나: 책상 에 있어요.

문법

'문법' 영역에서는 문법 내용을 학습자 스스로가 간단하게 복습할 수 있도록 하였는데 각 문제 아래 'grammar focus'가 제시되어서 문법 내용의 핵심 내용을 간단하게 떠올릴 수 있도록 표로 제시하였다.

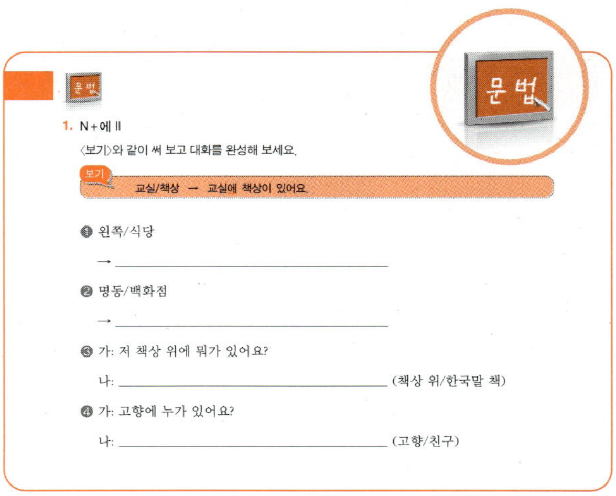
문법

1. N+에 Ⅱ
<보기>와 같이 써 보고 대화를 완성해 보세요.

보기 교실/책상 → 교실에 책상이 있어요.

❶ 왼쪽/식당
→ ____________

❷ 명동/백화점
→ ____________

❸ 가: 저 책상 위에 뭐가 있어요?
나: ____________ (책상 위/한국말 책)

❹ 가: 고향에 누가 있어요?
나: ____________ (고향/친구)

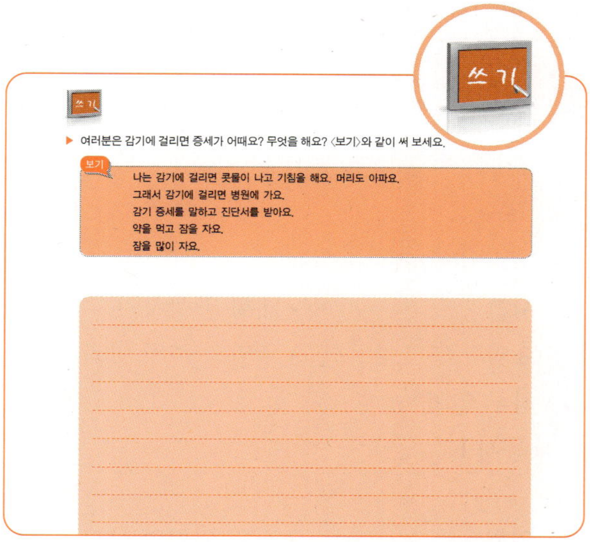

쓰기

'쓰기' 영역에서는 해당 과에서 배운 어휘와 문법 등을 활용해서 대화 완성하기, 편지 쓰기, 격식체 쓰기 등의 주제에 맞는 쓰기 연습을 돕고자 하였다.

그 외에도 다양한 어휘들을 그림과 함께 제시하였는데 동사 1 · 2, 장소, 형용사 1 · 2, 음식2 항목으로 제시하였다. 동사 1 · 2에서는 기본적으로 꼭 학습해야할 동사 목록 24개씩을 그림과 함께 제시하여서 표현할 수 있도록 하였다. 다음으로는 장소를 나타내는 어휘를 '교통'과 뒤에 제시하였는데 모두 20개의 장소를 효과적으로 기억할 수 있도록 돕고자 하였다. 형용사 1 · 2에서는 형용사를 반의어로 쌍을 지어 30개, 20개를 제시하여서 효율적으로 기억하여 활용할 수 있도록 하였고 '음식'영역에서는 한국 사람들이 즐겨 먹는 음식의 사진을 보여주었다.

책의 뒷부분에는 교재에 실린 문제들의 정답을 실어 학생들이 스스로 정답을 확인할 수 있도록 하여 효과적인 자가학습서로서 활용할 수 있도록 하였다.

단원 구성
Table of Contents

	주제 Topic	문법 Grammar	어휘 Vocabulary	쓰기 Writing
7과	가족과 친구 Family and Friends	V+고 V+지 않다 V+(으)ㄴ/는 ㅂ 불규칙 V+아/어/여서 I	• 친족 관계 • 신체 * 형용사 I	• 나의 일주일
8과	병원 Hospital	V+고 나서 V+(으)면 V+아/어/여야 하다	• 증상 • 시간 표현 * 동사 II	• 나의 감기 증세
9과	식당과 음식 Restaurant and Foods	V+(으)ㄹ까요? V+고 싶다/고 싶어 하다 V+(으)ㄹ 거예요 V+겠 I	• 음식 • 맛 * 음식	• 일주일 동안 할 일
10과	계절과 날씨 Season and Weather	V+지만 V+기 때문에 V+네요 V+겠 II	• 날씨 • 형용사	• 오늘의 날씨
11과	초대와 축하 Invitation and Celebration	V+아/어/여서 II V+아/어/여도 돼요?/돼요. V+(으)ㄹ게요	• 초대 • 축하 • 결혼	• 생일 초대장
12과	우체국과 은행 Post office and Bank	N+에게, 한테, 께 V+(으)러 가다/오다 V+아/어/여야 되다 V+(으)면 안 되다 N+(이)나	• 우체국 • 은행 * 형용사 II	• 친구에게 보내는 편지

차례

Contents

인사와 소개

Getting to know you

LESSON

01

1. 어휘

직업

나라

2. 문법

N + 입니다./입니까?

N + 이에요/예요

___________ 사람

N + 이/가

3. 쓰기

자기소개

LESSON

01 인사와 소개 Getting to know you

어휘

1. 그림과 맞는 단어를 연결하세요.

- 선생님
- 경찰
- 가수
- 요리사
- 의사

2. 다음 그림을 보고 〈보기〉에서 맞는 단어를 골라 쓰세요.

보기

중국 일본 독일 러시아 브라질

❶ ________ ❷ ________ ❸ ________

❹ ________ ❺ ________

3. 〈보기〉와 같이 쓰세요.

보기

한국 한국 사람

❶ 

몽골 ________

❷ 

이집트 ________

❸ 

베트남 ____________________

❹ 

프랑스 ____________________

❺ 

영국 ____________________

❻ 

미국 ____________________

4. 그림을 보고 맞는 말을 쓰세요.

시계

① ________
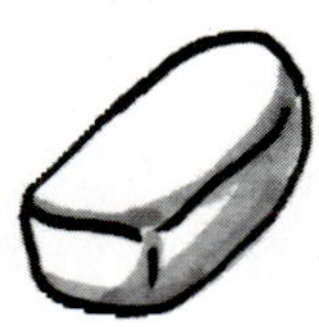

② ________

③ ________
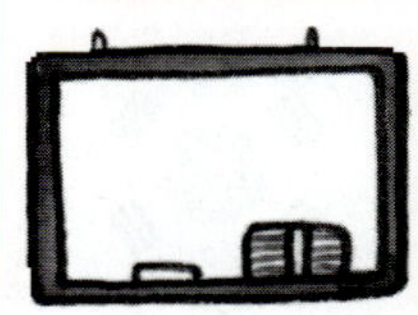

④ ________

⑤ ________

⑥ ________

문법

1. N + 입니다. / 입니까?

다음을 〈보기〉와 같이 바꾸고, 대화를 완성해 보세요.

보기
학생 → 학생입니다.　　선생님 → 선생님입니까?

❶ 회사원 → ______________.

❷ 친구 → ______________.

❸ 요리사 → ______________?

❹ 사과 → ______________?

Grammar Focus

이다	이 + ㅂ니다	입니다
	이 + ㅂ니까?	입니까?

2. N + 이에요/예요

다음을 〈보기〉와 같이 바꾸고, 대화를 완성해 보세요.

보기
선생님 → 선생님이에요.

❶ 의사 → ______________.

❷ 간호사 → ______________.

❸ 가: 기자예요?

나: 아니요, ______________. (외교관)

❹ 가: 대학생이에요?

나: 아니요, ______________. (회사원)

Grammar Focus

consonant (받침) + 이에요	vowel + 예요
학생이에요	가수예요

3. ________ 사람

다음을 〈보기〉와 같이 바꾸고, 대화를 완성해 보세요.

보기
한국 → 한국 사람이에요.

❶ 가: 한국 사람이에요?

나: 아니요, ______________________________. (일본)

❷ 가: 링링 씨는 어느 나라 사람이에요?

나: 저는 ______________________________. (중국)

❸ 가: 베라 씨는 어느 나라 사람이에요?

나: 저는 ______________________________. (독일)

❹ 가: 호나우두 씨는 미국 사람이에요?

나: 아니요, ______________________________. (브라질)

4. N + 이/가

〈보기〉에서 골라서 문장을 완성하세요.

보기
지선 씨, 친구 → 지선 씨가 친구예요.

❶ 동생, 요리사 → 동생____ 요리사예요.

❷ 수진 씨, 경찰 → 수진 씨____ 경찰이에요.

❸ 이름, 호나우두 → ________________________.

❹ 고향, 부산 → ________________________.

Grammar Focus

consonant (받침) + 이	vowel + 가
직업이	친구가

쓰기

▶ 자기소개를 써 보세요. (이름, 직업, 나라를 쓰세요.)

안녕하세요?

저는 ________________________

____

____

____

____

____

하루 일과

Daily Activity

LESSON 02

1. 어휘

시간
요일
하루 일과

2. 문법

V + 아/어/여요
N + 을/를
N + 에 I
무슨 + N

3. 쓰기

대화 완성하기
주말의 하루 일과

*동사 I

LESSON

02 하루 일과 Daily Activity

어휘

1. 달력을 보고 쓰세요.

보기

April 4

가	화요일	나	다	금요일	토요일	라
11	12	13	14	15	16	17
18	19	20 (오늘)	21	22	23	24
25	26	27	28	29	30	

❶ 가 ________________ 나 ________________

다 ________________ 라 ________________

❷ 오늘은 무슨 요일이에요? ________________

❸ 오늘은 몇 월 며칠이에요? ________________

❹ 내일은 몇 월 며칠이에요? ________________

2. 〈보기〉와 같이 쓰세요.

보기

세 시	네 시	다섯 시

❶	다섯 시	________	일곱 시
❷	________	아홉 시	열 시
❸	오전	________	
❹	아침	________	저녁

3. 〈보기〉와 같이 쓰세요.

보기

pm 2:40	(오전, 오후) 두 시 사십분

❶	pm 5:10	(오전, 오후) 시 분
❷	am 8:30	(오전, 오후) 시 분
❸	am 11:10	(오전, 오후) 시 분
❹	pm 7:25	(오전, 오후) 시 분

4. 그림을 보고 하루일과를 순서대로 쓰세요.

보기

일어나다	자다	공부하다	운동하다	점심 먹다	쇼핑하다
출근하다	퇴근하다	요리하다	샤워하다	학교 가다	숙제하다

일어나요 / ______ / ______ / ______

______ / ______ / ______ / ______

문법

1. V + 아/어/여요

다음 어휘를 '–아/어/여요' 를 이용해서 써 보세요.

❶ 자다 → ______ ❷ 좋다 → ______

❸ 살다 → ______ ❹ 만나다 → ______

❺ 만들다 → ______ ❻ 읽다 → ______

❼ 배우다 → ______ ❽ 춤을 추다 → ______

❾ 운동하다 → ______ ❿ 쇼핑하다 → ______

⓫ 요리하다 → ______ ⓬ 좋아하다 → ______

Grammar Focus

아, 오 + 아요	other + 어요	하 + 여요 → 해요
보다 → 보아요 → 봐요	먹다 → 먹어요	피곤하다 → 피곤하 + 여요 → 피곤해요

2. N + 을/를

〈보기〉에서 골라서 문장을 완성하세요.

보기

을	를	먹어요	만나요	들어요

❶ 음악_____ 좋아해요.

❷ 잡채_____ 만들어요.

❸ 가: 지금 뭐 해요?

나: 점심___ ______________.

❹ 가: 지금 뭐 해요?

나: 친구___ ______________.

Grammar Focus

consonant (받침) + 을	vowel + 를
밥을	고기를

3. N + 에 I

〈보기〉와 같이 쓰세요.

보기

→ 열 시에 텔레비전을 봐요.

❶ 9시

__________ 공부를 해요.

❷ 12시

__________ 점심을 먹어요.

❸ 월요일

__________ 청소를 해요.

❹ 주말

__________ 쇼핑을 해요.

4. 무슨 + N

〈보기〉와 같이 문장을 완성하세요.

보기

가: 무슨 공부를 해요?
나: 한국어를 공부해요.

❶ 가: 무슨 운동을 좋아해요?

나: __________ 좋아해요.

❷ 가: 무슨 음식을 좋아해요?

나: ______________________________.

③ 가: ______________________________?

나: 수요일이에요.

④ 가: ______________________________?

나: 사과를 좋아해요.

쓰기

▶ 여러분은 주말에 무엇을 해요? 써 보세요.

동사 I

가다

오다

먹다

마시다

보다

만나다

만들다

공부하다

자다

일어나다

읽다

쓰다

사다

듣다

말하다

숙제하다

타다

내리다

앉다

서다

전화하다

노래하다

요리하다

운동하다

교통

Transportation

LESSON 03

1. 어휘

위치

방향

교통 수단

2. 문법

N + 에 II

N + 하고 I

N + (으)로

V + (으)세요

3. 쓰기

집의 위치와 학교 가는 방법 설명하기

* 장소

LESSON

03 교통 Transportation

어휘

1. 그림을 보고 〈보기〉에서 맞는 말을 골라 쓰세요.

보기: 앞 뒤 위 아래 옆

❶ 가: 의자가 어디에 있어요?

나: 칠판 ________에 있어요.

❷ 가: 칠판이 어디에 있어요?

나: 의자 ________에 있어요.

❸ 가: 베라가 어디에 있어요?

나: 유키 ________에 있어요.

❹ 가: 책이 어디에 있어요?

나: 책상 ________에 있어요.

2. 그림과 맞는 단어를 연결하세요.

• 지하철

• 버스

• 택시

• 기차

• 비행기

3. 그림과 맞는 단어를 연결하세요.

- 횡단보도
- 지하철역
- 사거리
- 신호등
- 지하도
- 육교
- 버스정류장
- 삼거리

4. 〈보기〉와 같이 쓰세요.

보기

남대문 시장
→ 남대문 시장에 버스로 가요.

❶ 

학교
→ ____________에 ____________로 가요.

❷ 

경복궁
→ ____________에 ____________(으)로 가요.

❸ 

서울역
→ ____________에 ____________(으)로 가요.

❹ 

부산
→ ____________에 ____________(으)로 가요.

❺ 

뉴욕
→ ____________에 ____________(으)로 가요.

문법

1. N + 에 II

〈보기〉와 같이 써 보고 대화를 완성해 보세요.

보기
교실/책상 → 교실에 책상이 있어요.

❶ 왼쪽/식당

→ ______________________

❷ 명동/백화점

→ ______________________

❸ 가: 저 책상 위에 뭐가 있어요?

나: ______________________ (책상 위/한국말 책)

❹ 가: 고향에 누가 있어요?

나: ______________________ (고향/친구)

2. N + 하고 I

〈보기〉와 같이 써 보고 대화를 완성해 보세요.

보기
연필/지우개 → 연필하고 지우개

❶ ______________________ (도서관/우체국)에 가요.

❷ ______________________ (빵/우유) 주세요.

❸ 가: 이 방에 뭐가 있어요?

나: ______________________ (침대/책상)

❹ 가: 호나우두 씨는 무슨 운동을 좋아하세요?

나: ______________________ (축구/야구)

3. N+(으)로

다음 대화를 완성해 보세요.

❶ 가: 친구는 어디로 가요?

나: ______________________ (왼쪽)

❷ 가: 그 사람은 어디로 가요?

나: ______________________ (도서관)

❸ 가: 대사관에 어떻게 가요?

나: ______________________ (지하철)

❹ 가: 학교에 어떻게 가요?

나: ______________________ (버스)

Grammar Focus

consonant (받침)+으로	vowel+로
오른쪽으로	배로

4. V+(으)세요

〈보기〉와 같이 바꾸어 보고 대화를 완성해 보세요.

보기

집에 가다. → 집에 가세요.

❶ 도서관에 가다.

→ ______________________

❷ 신문을 읽다.

→ ________________________________

❸ 가: 남대문 시장에 어떻게 가요?

나: ________________________________ (지하철을 타다)

❹ 가: 우체국이 어디에 있어요?

나:________________________________ (왼쪽으로 30미터 쯤 가다)

Grammar Focus

consonant (받침) + 으세요	vowel + 세요
앉으세요	오세요

쓰기

▶ 여러분은 어디에 살아요? 학교에 어떻게 가요? 써 보세요.

장 소

학교

교실

식당

시장

극장/ 영화관

도서관

은행

빵집

우체국

운동장

서점

백화점

공원

호텔

공항

대사관

기숙사

병원

약국

커피숍

취미와 여가 생활

Hobbies and Spare times

LESSON 04

1. 어휘

취미

계절

2. 문법

V + (으)ㄹ 줄 알다/모르다

N + 에서

N + 하고 II

N + 와/과

3. 쓰기

취미 소개하기

LESSON

04 취미와 여가 생활 Hobbies and Spare times

어휘

1. 그림과 맞는 단어를 연결하세요.

• 음악 감상

• 여행

• 사진 찍기

• 수영

2. 〈보기〉에서 알맞은 단어를 골라 쓰세요.

보기 하다 타다 치다

❶ 스케이트를 ________________.

❷ 스키를 ________________.

❸ 배드민턴을 ________________.

❹ 축구를 ________________.

❺ 자전거를 ________________.

❻ 수영을 ________________.

3. 그림과 맞는 단어를 연결하세요.

• 축구

• 쇼핑

• 영화 감상

• 독서

문법

1. V+(으)ㄹ 줄 알다/모르다

〈보기〉와 같이 '-(으)ㄹ 줄 알다/모르다'를 이용해서 문장을 완성하세요.

보기

가: 피아노 칠 줄 알아요? 나: 네, 칠 줄 알아요.	가: 한국어를 읽을 줄 아세요? 나: 아니요, 한국어를 읽을 줄 몰라요.

❶ 볼링을 치다.

→ ______________________

❷ 불고기를 만들다.

→ ______________________

❸ 가: 농구를 할 줄 알아요?

나: 네, ______________________

❹ 가: ______________________

나: 아니요, 골프를 칠 줄 몰라요.

Grammar Focus

consonant (받침) + 을 줄 알다/모르다	vowel + ㄹ 줄 알다/모르다
사진을 찍을 줄 알다/모르다	축구할 줄 알다/모르다

2. N+에서

〈보기〉와 같이 문장을 완성하세요.

보기

가: 내일 어디에서 만나요?
나: 학교에서 만나요.

❶ 가: 어디에서 공부해요?

나: ______________________에서 공부해요.

② 가: 어디에서 친구를 만나요?

나: ______________________ (커피숍)

③ 가: ______________________?

나: 체육관에서 운동해요.

④ 가: 오늘 어디에서 점심을 먹어요?

나: ______________________ (학교)

3. N + 하고 II

〈보기〉와 같이 문장을 완성하세요.

보기
철수는 영수하고 숙제를 해요.

❶ 호나우두는 베라__________ 연필을 사요.

② 교실에는 애리가 다나카__________ 공부를 해요.

③ 가: 부엌에는 누가 있어요?

나: 영수가 철수______ __________.

④ 가: 오늘 저녁에 누구하고 밥을 먹어요?

나: __________ 밥을 먹어요.

4. N + 와/과

〈보기〉와 같이 문장을 완성하세요.

보기
베라는 링링하고 쇼핑을 해요. = 베라는 링링과 쇼핑을 해요.

❶ 저는 데이비드_____ 극장에 가요. = ______________________

❷ 호나우두는 베라______ 저녁을 먹어요. = ______________________________

❸ 지선 씨는 ______________________________ = ______________________________

❹ ______________________________ = ______________________________

Grammar Focus

consonant (받침) + 과	vowel + 와
책과 공책	축구와 농구

쓰기

▶ 취미를 써 보세요. 무엇을 할 줄 알아요? 어디에서 해요? 누구하고 해요?

전화

Calling

LESSON
05

1. 어휘

전화
숫자

2. 문법

V + 아/어/여 주다
안
V + 습니다./습니까?
단위 명사

3. 쓰기

격식체 연습하기

LESSON

05 전화 Calling

어휘

1. 숫자를 한국어로 바꿔 쓰세요.

❶ 02-710-9165 → ________________

❷ 010-9491-5130 → ________________

❸ 070-7996-8192 → ________________

❹ 

→ ________________

❺ 

→ ________________

2. 그림을 보고 맞는 단어를 연결하세요.

• 우체국

• 은행

• 주유소

• 영화관

• 병원

3. 〈보기〉와 같이 쓰세요.

보기

커피 <u>두 잔</u>

1.  고양이 ________ ________

2.  커피 ________ ________

3.  빵 ________ ________

4.  사람 ________ ________

5.  꽃 ________ ________

6.  라면 ________ ________

7.  옷 ________ ________

8.  차 ________ ________

9. 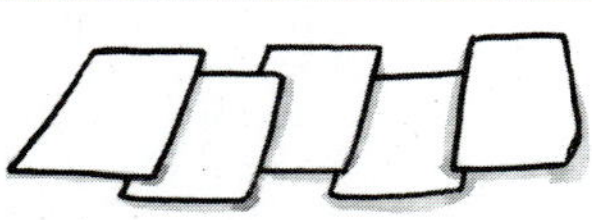 종이 ________ ________

문법

1. V + 아/어/여 주다

<보기>와 같이 써 보고 대화를 완성해 보세요.

보기 천천히 말하다. → 천천히 말해 주세요.

❶ 약을 사다

→ ______________________________

❷ 김치를 만들다

→ ______________________________

❸ 창문을 열다

→ ______________________________

❹ 가: 베라 씨, ______________________________. (돈을 빌리다)

나: 미안해요. 지금 돈이 없어요.

❺ 가: 마이클, ______________________________. (사진을 찍다)

나: 네, '김치' 하세요.

Grammar Focus

아, 오 + 아 주다	other + 어 주다	하 + 여 주다 → 해 주다
만나다 → 만나 주다	읽다 → 읽어 주다	청소하다 → 청소해 주다

가다 → 가 주다 → 가 주세요

'–어 주다' is an expression of request to the other people. '–아/어 주세요' is a honorific expression.

2. 안

다음 대화를 완성해 보세요.

❶ 가: 수진 씨가 식당에 가요?

나: 아니요, ____________________. 도서관에 가요.

❷ 가: 유리 씨가 고기를 먹어요?

나: 아니요, ____________________. 야채를 먹어요.

❸ 가: 베라 씨가 지금 바빠요?

나: 아니요, ____________________. 지금 시간이 있어요.

❹ 가: 데이비드 씨가 지금 수영해요?

나: 아니요, ____________________. 축구해요.

Grammar Focus

마이클 씨가 학교에 가요.	→	마이클 씨가 학교에 안 가요.
음식이 짜요.	→	음식이 안 짜요.
링링 씨가 숙제해요.	→	링링 씨가 숙제 안 해요.

3. V + 습니다.

다음 문장을 〈보기〉와 같이 완성해 보세요.

보기
매일 8시에 학교로 갑니다(가다).

❶ 저는 불고기와 김치를 잘 ______________. (먹다)

❷ 이 책이 저 책보다 더 ______________. (어렵다)

❸ 저는 일본 사람 ______________.(이다)

❹ 부모님이 10시 반에 집에서 ______________. (떠나다)

Grammar Focus

consonant (받침) + 습니다	vowel + ㅂ니다
먹다 → 먹습니다	가다 → 갑니다

4. V + 습니까?

다음 대화를 완성해 보세요.

❶ 가: 비빔밥을 ________________________________.

나: 네, 정말 좋아합니다.

❷ 가: 한국말이 ________________________________.

나: 아니요, 어렵습니다.

❸ 가: 지선 씨도 ________________________________.

나: 아니요, 지선 씨는 학생입니다.

❹ 가: 스키를 ________________________________.

나: 네, 탈 줄 압니다.

Grammar Focus

consonant (받침) + 습니까?	vowel + ㅂ니까?
읽다 → 읽습니까?	배우다 → 배웁니까?

5. 단위 명사

그림을 보고 〈보기〉와 같이 대화를 완성해 보세요.

보기

가: 무엇이 있어요?
나: 사과가 세 개 있어요.

❶ 

가: 교실에 누가 있어요?

나: 학생이 ________________________________.

❷ 

가: 뭐 사요?

나: ________________________________.

③ 

가: 무엇이 있어요?

나: ______________________________.

④ 

가: 뭐 드릴까요?

나: ______________________________.

쓰기

▶ 다음 글을 '-습니다' 로 바꿔서 써 보세요.

보기

저는 영국 사람이에요. 저는 요리사예요. 저는 고기를 안 먹어요. 과일하고 야채를 좋아해요. 저는 김치도 좋아해요. 그런데 김치를 만들 줄 몰라요. 그래서 요즘 학원에서 요리를 배워요.

쇼핑

Shopping

LESSON

06

1. 어휘

단위 명사

물건

2. 문법

V+(으)ㄹ 수 있다/없다

V+아/어/여 보다

V+았/었/였

못

N+에 III

3. 쓰기

쇼핑 정보

LESSON
06 쇼핑 Shopping

어휘

1. 그림과 맞는 단어를 연결하세요.

• • 슈퍼마켓

• • 백화점

• • 옷 가게

• • 시장

2. 그림을 보고 맞는 단어를 쓰세요.

❶  ______________________

❷  ______________________

❸  ______________________

❹  ______________________

❺ 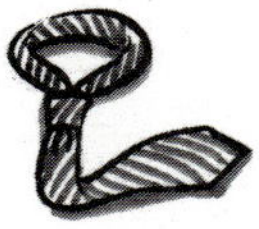 ______________________

❻  ______________________

❼  ______________________

❽  ______________________

3. 그림을 보고 맞는 단어를 쓰세요.

❶ 옆 그림은 뭐예요? ______________________

❷ ①은 뭐예요? ______________________

❸ ②는 뭐예요? ______________________

❹ 이 사람은 무엇을 샀어요?

____

문법

1. V+(으)ㄹ 수 있다/없다

'-(으)ㄹ수 있다/없다' 를 이용해서 다음 대화를 완성해 보세요.

❶ 가: 한국 신문을 읽을 수 있어요?

나: 네, (읽다) ______________________

❷ 가: 한국 노래를 부를 수 있어요?

나: 아니요, (부르다) ______________________

❸ 가: 한국 음식을 만들 수 있어요?

나: 네, ______________________

❹ 가: 내일 학교에 올 수 있어요?

나: 아니요, ______________________

Grammar Focus

consonant (받침) + 을 수 있다/없다	vowel + ㄹ 수 있다/없다
김치를 먹을 수 있다/없다	수영을 할 수 있다/없다

2. V + 아/어/여 보다

'-아/어/여 보다' 를 이용해서 다음을 완성해 보세요.

❶ 서울에서 살다

→ ____________________

❷ 이 옷을 입다

→ ____________________

❸ 김치를 먹다

→ ____________________

❹ 가: 한국 소설을 읽어 봤어요?

나: ____________________

❺ 가: 제주도에 가 봤어요?

나: ____________________

Grammar Focus

아, 오 + 아 보다	other + 어 보다	하 + 여 보다 → 해 보다
만나다 → 만나 보다	읽다 → 읽어 보다	요리하다 → 요리해 보다

3. V + 았/었/였

〈보기〉와 같이 써 보세요.

보기

학교에 가요. → 학교에 갔어요.

❶ 남대문 시장에서 옷을 사요.

→ ____________________

❷ 학교 앞에서 친구를 만나요.

→ ______________________________

❸ 집에 있어요.

→ ______________________________

❹ 주말에 쇼핑해요.

→ ______________________________

Grammar Focus

아, 오 + 았	other + 었	하 + 였 → 했
보다 → 보았다 → 봤다	먹다 → 먹었다	공부하다 → 공부했다

4. 못

〈보기〉와 같이 다음 대화를 완성해 보세요.

보기

자전거를 타다: 자전거를 못 타요. / 자전거를 탈 수 없어요.

❶ 수영을 하다: ____________________ / ____________________

❷ 운전을 하다: ____________________ / ____________________

❸ 가: 김치를 드세요?

나: 아니요, ____________________ / ____________________

❹ 가: 한국 요리를 할 수 있어요?

나: 아니요, ____________________ / ____________________

5. N+에 III

❶ 꽃 – 10 송이 – 3500원	가: 꽃 얼마예요?
	나: 꽃 ____________ 3500원이에요.
❷ 공책 – 1 권 – 700원	가: 이 공책 얼마예요?
	나: 공책 ____________________
❸ 옷 – 1 벌 – 25만원	가: ________________________?
	나: ________________________
❹ 콜라 – 1 병 – 1800원	가: ________________________?
	나: ________________________

쓰기

▶ 〈보기〉와 같이 써보세요.

보기

저는 보통 동대문 시장에서 쇼핑을 해요.
동대문 시장에서 가방하고 옷을 살 수 있어요. 신발도 살 수 있어요.
거기에서 텔레비전을 살 수 없어요.
그리고 청계천으로 가 보세요.
정말 좋아요.

가족과 친구

Family and Friends

LESSON

07

1. 어휘

친족 관계

신체

2. 문법

V+고

V+지 않

V+(으)ㄴ/는

ㅂ 불규칙

V+아/어/여서 I

3. 쓰기

나의 일주일

*형용사 I

LESSON

07 가족과 친구 Family and Friends

어휘

1. 그림을 보고 맞는 말을 쓰세요.

보기

아버지	어머니	할아버지	할머니
외할아버지	외할머니	형	남동생
누나	언니	오빠	여동생

❶

( ) ( ) ( ) ( )

( ) ( )

( ) ( ) 나(여자) ( ) ( )

❷

( ) ( ) 나(남자) ( ) ( )

2. 그림을 보고 맞는 말을 쓰세요.

보기

머리 목 손 배 다리 발 귀 팔 무릎 어깨

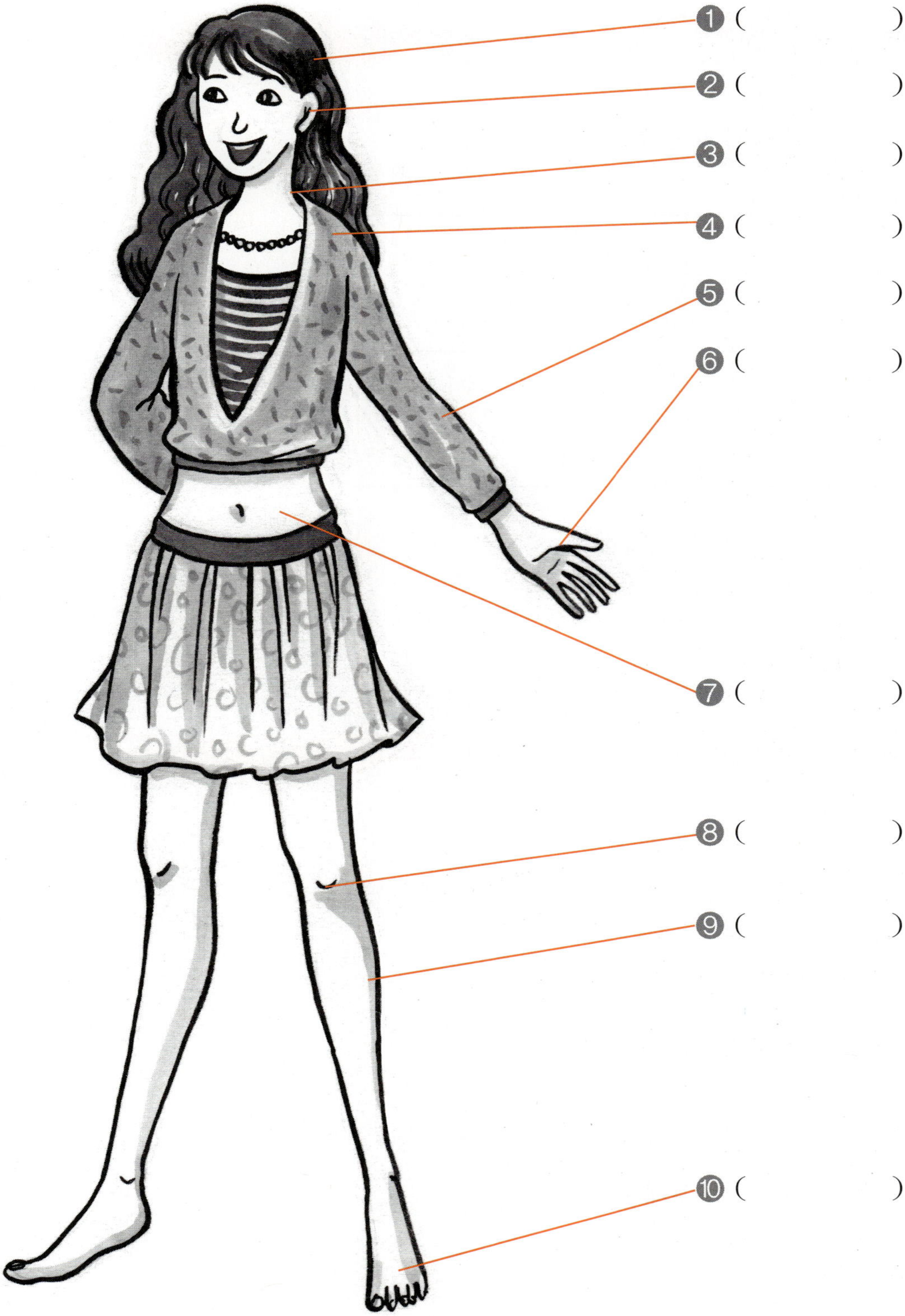

문법

1. V+고

<보기>와 같이 한 문장으로 써 보세요.

보기
숙제해요. 도서관에 가요. → 숙제하고 도서관에 가요.

❶ 날씨가 맑아요. 날씨가 따뜻해요.

→ ______________________________

❷ 저는 테니스 쳐요. 친구는 수영해요.

→ ______________________________

❸ 책을 읽었어요. 영화를 봤어요.

→ ______________________________

❹ 낮에는 공부해요. 저녁에는 일해요.

→ ______________________________

Grammar Focus

consonant/vowel + 고 : 가다 → 가고, 비싸다 → 비싸고

2. V+지 않다

다음 대화를 완성해 보세요.

❶ 가: 수미 씨가 도서관에 가요?

나: 아니요, ______________________. 식당에 가요.

❷ 가: 데이비드 씨가 혼자 숙제했어요?

나: 아니요, ______________________. 친구하고 같이 했어요.

③ 가: 지선 씨가 키가 커요?

나: 아니요, ______________________. 보통이에요.

④ 가: 이 옷이 비싸요?

나: 아니요, ______________________. 싸요.

Grammar Focus

consonant/vowel + 지 않다: 가다 → 가지 않다, 복잡하다 → 복잡하지 않다
★ 가지 않아요. = 안 가요, 복잡하지 않아요. = 안 복잡해요.

3. V+(으)ㄴ/는

다음에서 알맞은 것을 골라 써 보세요.

보기

크다	작다	재미있다	싸다	비싸다	낮다
높다	짜다	예쁘다	좋다	맛있다	

① 물건이 많아요. 그런데 이 가방은 ________ 가방이에요.

더 ________ 가방 주세요.

② 서울에는 ____________ 건물이 많아요. 63층 건물도 있어요.

③ 어제 친구 생일 파티에 갔어요. ____________ 음식이 정말 많았어요.

④ 백화점에는 시장보다 ____________ 물건이 많아요.

저는 돈이 없어서 ____________ 물건을 사요.

⑤ 일주일 동안 계속 ____________ 날씨였어요. 그래서 운동을 많이 했어요.

Grammar Focus

consonant (받침) + 은	vowel + ㄴ	★있다/없다
좋다 → 좋은	예쁘다 → 예쁜	있는/없는

4. ㅂ 불규칙

다음 대화를 완성해 보세요.

❶ 가: 오늘도 날씨가 ____________________? (덥다)

나: 아니요, 오늘은 시원해요.

❷ 가: 한국말 공부가 어때요?

나: 문법이 쉽지만 발음이 ____________________. (어렵다)

❸ 가: 학교에서 집이 ____________________?

나: 아니요. 조금 멀어요.

❹ 가: 이 식당 비빔밥이 어때요?

나: 네, 좀 ________________. 하지만 저는 ________________ 음식을 좋아해요.

Grammar Focus

귀엽다	귀여워요	귀여운
춥다	추워요	추운
덥다	더워요	더운
어렵다	어려워요	어려운

5. V + 아서/어서/여서 I

다음 대화를 완성해 보세요.

❶ 가: 왜 병원에 가요?

나: 머리가 (아프다) ________________ 병원에 가요.

❷ 가: 왜 운동을 못 해요?

나: 시간이 (없다) ________________ 운동을 못해요.

❸ 가: 왜 기분이 좋아요?

나: 시험을 (잘 보다) ________________ 기분이 좋아요.

④ 가: 왜 공부할 수 없어요?

나: (배가 고프다) ____________ 공부할 수 없어요.

Grammar Focus

아, 오 + 아서	other + 어서	하 + 여서 → 해서
가다 → 가서	없다 → 없어서	좋아하다 → 좋아해서

쓰기

▶ 오늘은 토요일입니다. 이번 주에 어디에서 무엇을 했어요? 아래에 써보세요.

	월	화	수	목	금
어디에서					
무엇을					

월요일에는 ______________________

화요일에는 ______________________

형 용 사

크다/작다

많다/적다

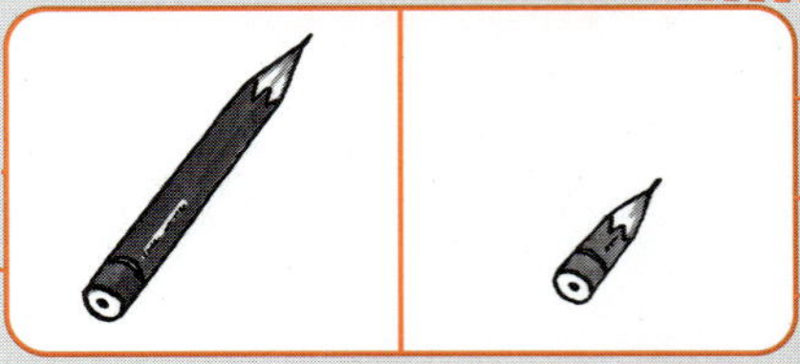
길다/짧다

무겁다/가볍다

높다/낮다

빠르다/느리다

재미있다/재미없다

맛있다/맛없다

어렵다/쉽다

비싸다/싸다

춥다/덥다

뜨겁다/차갑다

밝다/어둡다

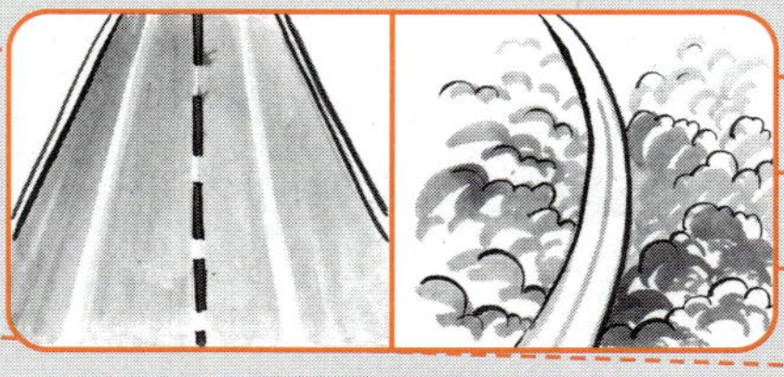
넓다/좁다

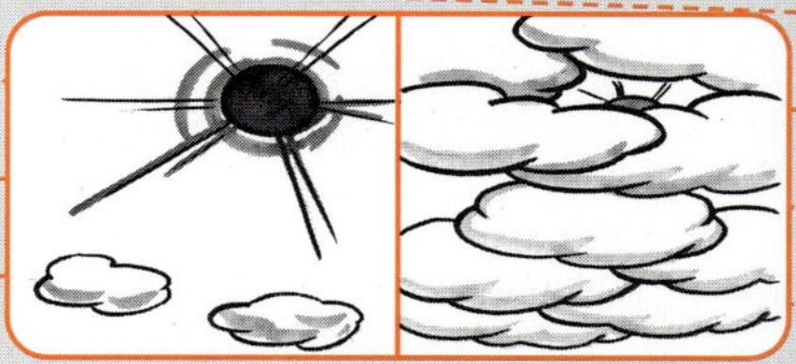
맑다/흐리다

병원

Hospital

LESSON

08

1. 어휘

병원과 증상

시간 표현

2. 문법

V+고 나서

V+(으)면

V+아/어/여야 하다

3. 쓰기

나의 감기 증세

*동사 II

LESSON

08 병원 Hospital

어휘

1. 그림을 보고 맞는 말을 쓰세요.

❶  ______________

❷ 

____

❸  ______________

❹  ______________

2. 그림과 맞는 병원을 〈보기〉에서 고르세요.

보기	한의원	피부과	치과	내과	안과	이비인후과

❶ 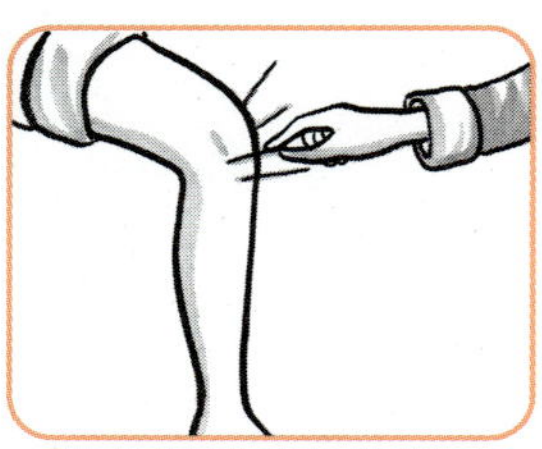 ______________

❷  ______________

❸  ______________

❹  ______________

3. 그림을 보고 알맞은 말을 연결하세요.

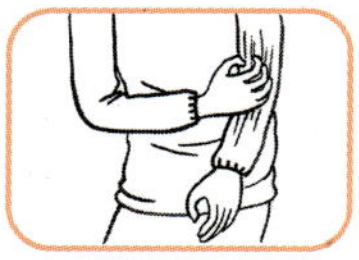	귀가 아파요	피부과	약을 드세요
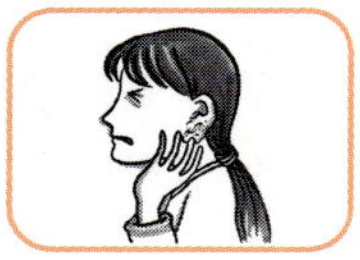	다리가 아파요	정형외과	안약을 넣으세요
	가려워요	안과	깁스하세요
	눈이 아파요	이비인후과	피부 연고를 바르세요

4. <보기>와 같이 쓰세요.

보기

어제	오늘	내일

❶	지난 주	________	다음 주	
❷	________	이번 달	________	
❸	________	________	내년	

❹	______	어제	______	내일	______

문법

1. V+고 나서

〈보기〉와 같이 써 보세요.

보기
밥 먹어요. 그리고 이를 닦아요. → 밥 먹고 나서 이를 닦아요.

❶ 공부를 해요. 그리고 밥을 먹어요.

→ ____________________

❷ 쇼핑을 해요. 그리고 집에 가요.

→ ____________________

❸ 낮잠을 자요. 그리고 ____________________

→ ____________________

❹ 가: 언제 집에 가요?

나: ____________________

2. V+(으)면

다음을 '-(으)면' 을 이용해서 써 보세요.

❶ 머리가 (아프다) ______________ 약을 먹어요.

❷ 한국어를 (공부하다) ______________ 재미있어요.

❸ 가: 다리가 부러지면 무슨 병원에 가요?

나: 다리가 ______________ 정형외과에 가요.

❹ 가: 돈이 많으면 뭐 해요?

나: 돈이 ____________________.

Grammar Focus

consonant (받침) + 으면	vowel + 면
먹다: 먹 + 으면 → 먹으면	가다: 가 + 면 → 가면

3. V + 아/어/여야 하다

다음을 〈보기〉와 같이 '–아/어/여야 하다' 를 이용해서 써 보세요.

보기

기침을 하다 / 병원에 가다
→ 기침을 하면 병원에 가야 해요

❶ 열이 나다/약을 먹다

→ ____________________

❷ 다리가 아프다/파스를 붙이다

→ ____________________

❸ 피곤하다/쉬다

→ ____________________

❹ 가: 머리가 아파요. 어떻게 해야 해요?

나: 머리가 아프면 ____________________

❺ 가: 어제 잠을 못 자서 피곤해요. 어떻게 해야 해요?

나: ____________________

Grammar Focus

아, 오 + 아야 하다	other + 어야 하다	하 + 여야 하다 → 해야 하다
만나다 → 만나야 하다	읽다 → 읽어야 하다	청소하다 → 청소해야 하다

쓰기

▶ 여러분은 감기에 걸리면 증세가 어때요? 무엇을 해요? 〈보기〉와 같이 써 보세요.

보기

나는 감기에 걸리면 콧물이 나고 기침을 해요. 머리도 아파요.
그래서 감기에 걸리면 병원에 가요.
감기 증세를 말하고 진단서를 받아요.
약을 먹고 잠을 자요.
잠을 많이 자요.

동사 II

가르치다

배우다

주다

받다

일하다

쉬다

입다

다니다

살다

팔다

알다

모르다

청소하다

등산하다

주문하다

배달하다

기다리다

바꾸다

결혼하다

여행하다

운전하다

사진을 찍다

그림을 그리다

테니스를 치다

식당과 음식

Restaurant and Foods

LESSON

09

1. 어휘

음식

맛

2. 문법

V+(으)ㄹ까요?

V+고 싶다/고 싶어 하다

V+(으)ㄹ 거예요

V+겠 I

3. 쓰기

일주일 동안 할 일

*음식

LESSON

09 식당과 음식 Restaurant and Foods

어휘

1. 다음 그림을 보고 〈보기〉에서 맞는 단어를 쓰세요.

보기: 삼계탕 떡 잡채 비빔밥 김밥 불고기

❶  ________________

❷  ________________

❸  ________________

❹  ________________

❺  ________________

❻  ________________

2. 다음 그림을 보고 맞는 단어를 연결하세요.

• 짜다

• 맵다

• 달다

• 시다

• 쓰다

3. 그림을 보고 잡채에 필요한 재료가 무엇인지 쓰세요.

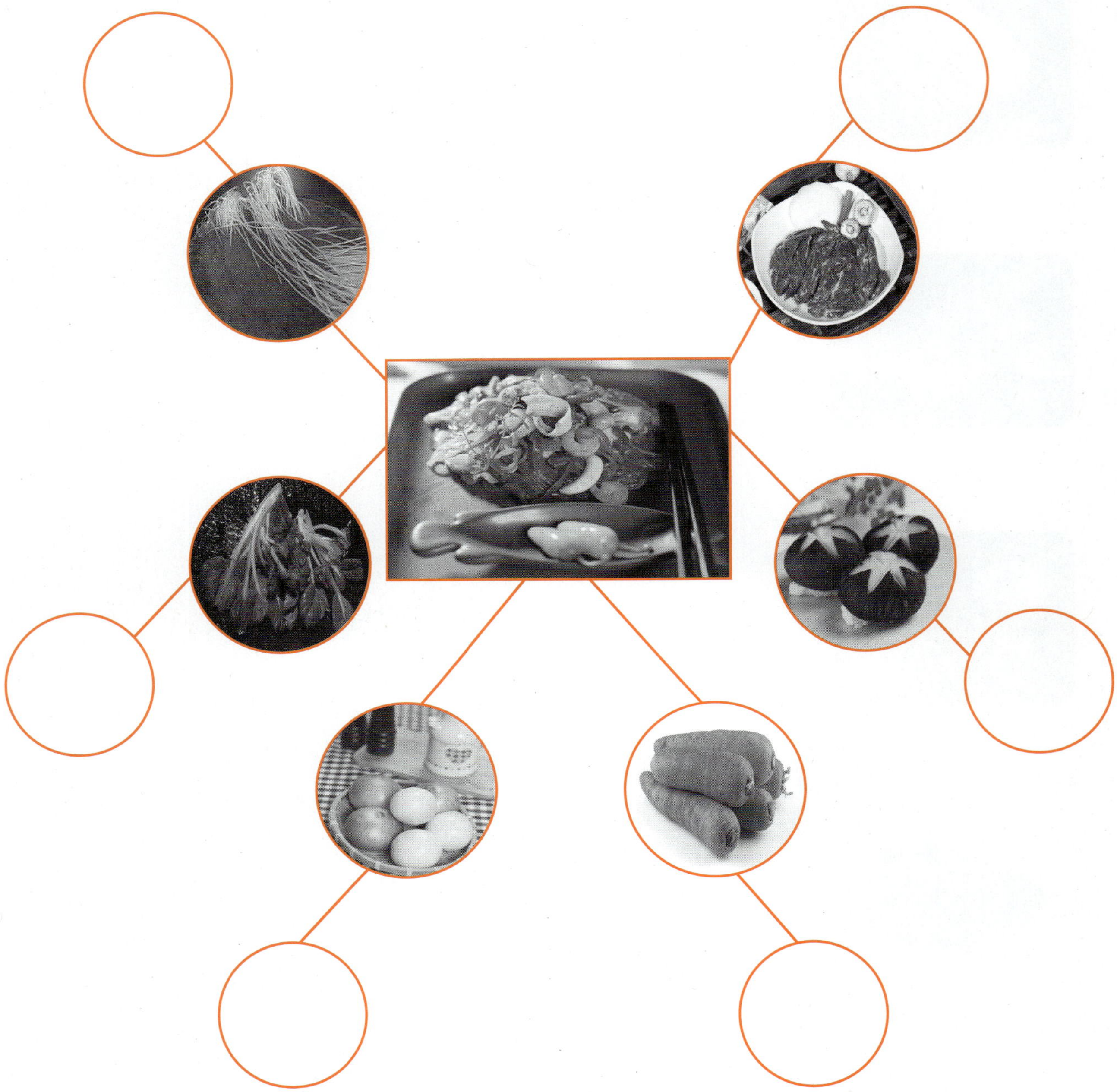

문법

1. V+(으)ㄹ까요?

다음 대화를 완성해 보세요.

❶ 가: 날씨가 추우니까 칼국수를 ______________? (주문하다)

나: 네, 좋아요.

❷ 가: 우리 같이 ______________? (사진을 찍다)

나: 네. 좋아요. 같이 사진 찍어요.

❸ 가: 저녁에 같이 ______________? (영화 보다)

나: 네, 좋아요. 같이 봐요.

❹ 가: 마이클 씨, 시간 있어요? 지금 같이 ______________? (불고기를 만들다)

나: 미안해요. 지금 숙제해야 해요.

Grammar Focus

consonant (받침) + 을까요?	vowel + ㄹ까요?
먹다 → 먹을까요?	가다 → 갈까요?

2. V+고 싶다/고 싶어 하다

다음 문장을 완성해 보세요.

❶ 지금 배가 많이 고파요.

→ ______________. (빵을 먹다)

❷ 조금 피곤해요.

→ ______________. (빨리 쉬다)

❸ 가: 이번 주말에는 뭐 하고 싶어요?

나: ______________. (생일 케이크를 만들다)

❹ 가: 호나우두 씨는 방학에 뭐 하고 싶어 해요?

나: 호나우두 씨는 ________________. (설악산과 제주도를 구경하다)

Grammar Focus

consonant/vowel + 고 싶다/고 싶어 하다
가다 → 가고 싶어요/가고 싶어 해요
먹다 → 먹고 싶어요/먹고 싶어 해요
여행하다 → 여행하고 싶어요/여행하고 싶어 해요

3. V + (으)ㄹ 거예요

다음 문장을 완성해 보세요.

❶ 내일 오후에 ________________. (수영하다)

❷ 이번 추석에는 예쁘게 ________________. (한복을 입다)

❸ 가: 유리 씨 이번 주말에는 뭐 할 거예요?

나: ________________. (한강에 가서 멋진 사진을 찍다)

❹ 가: 이번 휴가에는 뭐 할 거예요?

나: ________________. (경주 불국사를 구경하다)

Grammar Focus

consonant (받침) + 을 거예요	vowel + ㄹ 거예요
먹다 → 먹을 거예요	가다 → 갈 거예요

4. V+겠 I

(1) 〈보기〉와 같이 써 보세요.

보기
밥/먹다 → 밥을 먹겠어요.

❶ 한국말 책/읽다

→ ______________________

❷ 옷/입다

→ ______________________

❸ 불고기/만들다

→ ______________________

❹ 주말에 집/청소하다

→ ______________________

(2) 다음 대화를 완성해 보세요.

❶ 가: 유리 씨 무엇을 ______________________? (주문하다)

나: 저는 불고기를 먹고 싶어요. 불고기 먹을까요?

❷ 가: 저하고 같이 커피 마시러 ______________________? (가다)

나: 네, 좋아요. 같이 가요.

❸ 가: 다음 주에 백화점에서 ______________________? (쇼핑하다)

나: 네, 바쁘지 않아서 갈 수 있어요.

❹ 가: 친구들하고 같이 사진을 ______________________? (찍다)

나: 네, 같이 사진 찍고 싶어요.

쓰기

▶ 세라 씨는 다음 주 월요일부터 토요일까지 뭐 할 거예요?

월	화	수	목	금	토
남대문 시장에서 쇼핑하다	식당에서 점심을 먹다	태권도장에서 수업을 하다	병원에서 의사에게 증세를 이야기하다	친구 집에서 파티를 하다	청소를 하다

세라 씨는 월요일에는 남대문 시장에서 쇼핑할 거예요.

음식

김밥

비빔밥

불고기

김치

된장찌개

냉면

삼겹살

삼계탕

떡

떡볶이

갈비탕

잡채

스테이크

자장면

치킨

피자

계절과 날씨

Season and Weather

LESSON

10

1. 어휘

날씨

형용사

2. 문법

V + 지만

V + 기 때문에

V + 네요

V + 겠 II

3. 쓰기

오늘의 날씨

LESSON

10 계절과 날씨 Season and Weather

어휘

1. 그림을 보고 알맞은 말을 연결하세요.

	가을	날씨가 습해요.
	여름	날씨가 선선해요.
	겨울	눈이 와요.
	봄	날씨가 따뜻해요.

2. 〈보기〉를 보고 빈칸을 채우세요.

보기

따뜻해요	선선해요	습해요	눈이 와요	더워요
추워요	쌀쌀해요	꽃이 펴요	단풍이 들어요	

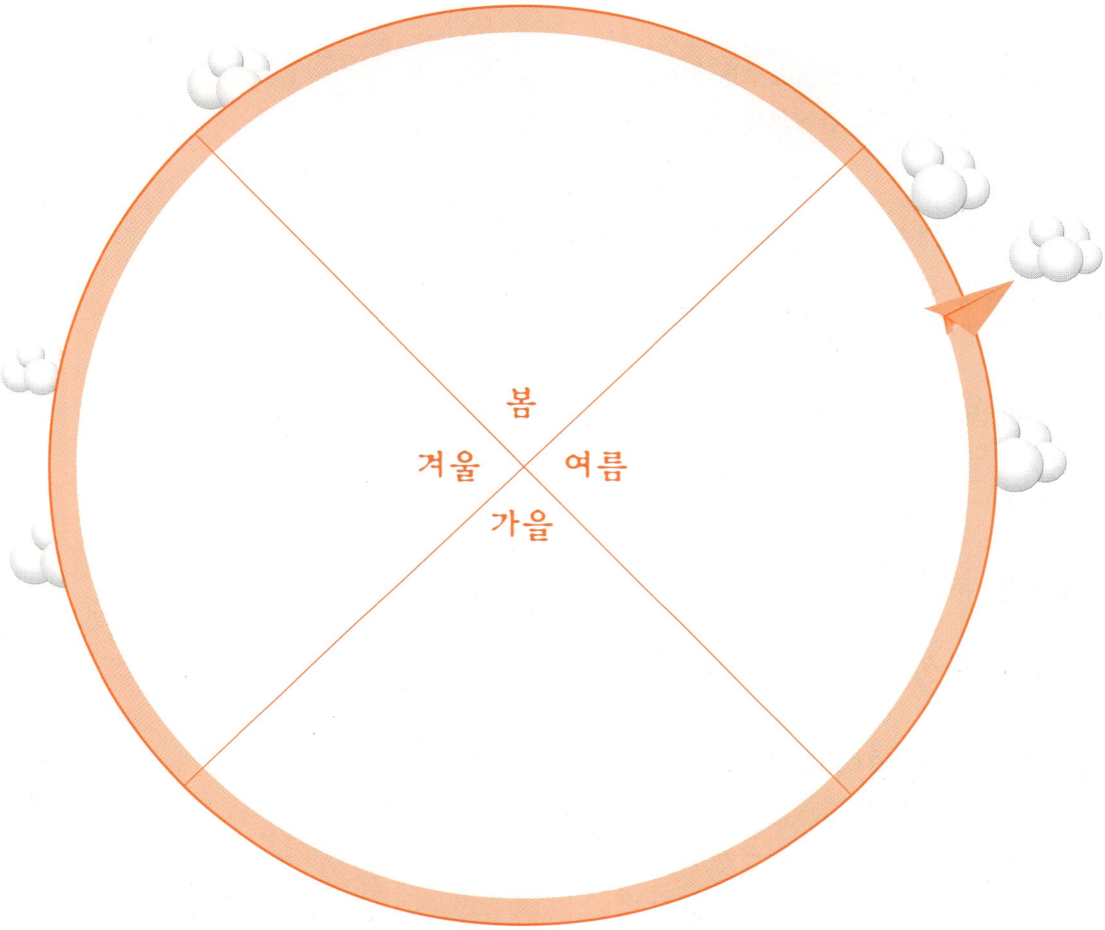

3. 〈보기〉를 보고 빈칸을 채우세요.

보기

덥다 ↔ (춥다) | 따뜻하다 〈 (덥다)

❶ 맑다 ↔ ______

❷ ______ ↔ 습하다

❸ 시원하다 〈 ______ 〈 서늘하다 〈 쌀쌀하다 〈 ______

❹ 봄 → ______ → 가을 → ______

문법

1. V+지만

'-지만' 을 이용해서 문장을 만들어 보세요.

보기
영어는 할 수 있어요. 하지만 한국어는 할 수 없어요.
→ 영어는 할 수 있지만 한국어는 할 수 없어요.

❶ 김치는 맵습니다. 하지만 맛있습니다.

→ ______________________________

❷ 그 커피숍은 값이 비싸요. 하지만 친절해요.

→ ______________________________

❸ 가: 오늘 축구를 할 수 있어요?

나: 비가 와서 축구는 ______________, 농구는 ______________.

❹ 가: 지선 씨는 영어도 잘하고 중국어도 잘해요?

나: ______________________________

2. V+기 때문에

'-기 때문에' 를 이용해서 문장을 만들어 보세요.

❶ (눈이 오다) ______________ 길이 막혀요.

❷ (점심을 많이 먹었어요) ______________ 배가 아파요.

❸ 가: 한국 드라마를 좋아해요?

나: 네, ______________기 때문에 한국 드라마를 좋아해요.

④ 가: 여행을 자주 해요?

나: ________________________.

3. V+네요

'-네요' 를 이용해서 문장을 만들어 보세요.

보기

비가 오다 → 비가 오네요	예쁘다 → 예쁘네요

① 키가 크다

→ ________________________

② 친구가 많다

→ ________________________

③ 가: 한국어 공부 어때요?

나: ________________________

④ 가: 불고기 맛이 어때요?

나: ________________________

4. V+겠 II

'겠' 을 이용해서 문장을 만들어 보세요.

보기

기분이 좋다 → 기분이 좋겠어요

① 내일 날씨가 춥다

→ ________________________

❷ 일이 많아서 힘들다

→ ____

❸ 가: 계단에서 넘어져서 ____________________

나: 네, 너무 아프네요.

❹ 가: 저 대학에 합격했어요. 기뻐서 눈물이 나와요.

나: 축하해요. 정말 ____________________

쓰기

▶ 오늘 날씨는 어떨까요? 내일 날씨는 어떨까요? 오늘의 날씨 정보를 라디오나 텔레비전에서 듣고 여러분이 기상 캐스터가 되어 내일의 날씨를 써 보세요.

오늘의 날씨를 알려드리겠습니다.

오늘은 ____________________.

____

아침 기온은 __________도, 오후에는

__________도가 되겠습니다.

내일은 ____________________.

이상 기상캐스터 ____________________

이었습니다.

초대와 축하

Invitation and Celebration

LESSON

11

1. 어휘

행사

2. 문법 II

V + 아/어/여서 II

V + 아/어/여도 돼요?/돼요.

V + (으)ㄹ게요

3. 쓰기

생일 초대장

LESSON

11 초대와 축하 Invitation and Celebration

어휘

1. 그림을 보고 맞는 말을 연결하세요.

 • • 돌잔치

 • • 집들이

• • 결혼식

 • • 회갑

• • 백일 잔치

• • 생일 파티

2. 〈보기〉와 같이 다음 중 관계없는 단어를 고르세요.

보기

결혼식: 국수 신랑 세제 청첩장

❶ 집들이: 청첩장 세제 휴지 요리

❷ 돌잔치: 실 웨딩드레스 돌잡이 돈

❸ 생일잔치: 신부 초대장 선물 축하

❹ 팔순잔치: 생일 선물 축하 돌잡이

문법

1. V + 아/어/여서 II

다음 대화를 완성해 보세요.

❶ 집에 가다, 쉬다

→ ____.

❷ 김밥을 만들다, 먹다

→ ____.

❸ 사과를 씻다, 먹다

→ ____.

❹ 가: 지선 씨가 언제 와요?

나: 20분 후에 올 거예요. 잠깐______________________________. (앉다,)

❺ 가: 어제 뭐 했어요

나: ______________________________. (친구를 만났어요,)

Grammar Focus

아, 오 + 아서	other + 어서	하 + 여서 → 해서
보다 → 보아서	먹다 → 먹어서	피곤하다 → 피곤하+여서 → 피곤해서

2. V + 아/어/여도 돼요?/돼요.

다음 대화를 완성해 보세요.

① 가: 파티에 좀 ______________________________? (늦게 가다)

나: 네, 괜찮아요.

② 가: 갑자기 일이 생겼어요. 약속을 ________________? (취소하다)

나: 네, 괜찮아요. 다음에 만나요.

③ 가: 이 바지 ______________________________? (입어 보다)

나: 네. 저기 들어가서 입어 보세요.

④ 가: 집으로 ______________________________? (소포를 보내다)

나: 네, 보내세요.

Grammar Focus

아, 오 + 아도 돼요	other + 어도 돼요	하 + 여도 돼요 → 해도 돼요
가다 → 가아도 → 가도 돼요	먹다 → 먹어도 돼요	수영하다 → 수영해도 돼요

3. V + (으)ㄹ게요

다음 대화를 완성해 보세요.

① 가: 지선 씨 내일 아침에 일찍 올 수 있어요?

나: 네, 알겠어요. ______________________________. (7시까지 오다)

❷ 가: 저녁 8시에 전화해 주세요.

나: 그때 ______________________________. (전화 드리다)

❸ 가: 매일 한국 신문을 읽으세요.

나: 알겠습니다. 내일부터 ____________________. (읽다)

❹ 가: 이번 주말에 제 생일이에요. 정말 케이크를 만들 수 있어요?

나: 그럼요. 맛있는 케이크를 __________________. (만들다)

Grammar Focus

consonant (받침) + 을게요	vowel + ㄹ게요
먹다 → 먹을게요	가다 → 갈게요

쓰기

▶ 친구들을 생일에 초대할 거예요. 〈보기〉와 같이 생일 초대장을 써 보세요.

보기

〈초대장〉

김지선의 생일 파티에 초대합니다. 꼭 오세요.

일시: 2020년 3월 7일(토) 오후 3시
장소: 한강시민공원
전화: 010-1234-5432

〈초대장〉

우체국과 은행

Post office and Bank

LESSON 12

1. 어휘

우체국

은행

2. 문법

N + 에게, 한테, 께

V + (으)러 가다/오다

V + 아/어/여야 되다

V + (으)면 안 되다

N + (이)나

3. 쓰기

친구에게 보내는 편지

*형용사 II

LESSON

12 우체국과 은행 Post office and Bank

어휘

1. 그림을 보고 맞는 말을 쓰세요.

❶ 

____

❷ 

____

❸ 

____

❹ 

____

❺ 

____

❻ 

____

2. 〈보기〉에서 알맞은 단어를 골라 쓰세요.

보기					
인출하다	붙이다	환전하다	찍다	쓰다	송금하다

❶ 

돈을 ______________________

❷ 

돈을 ______________________

❸ 

돈을 ______________________

❹ 

우표를 ______________________

❺ 

도장을 ______________________

❻ 

편지를 ______________________

문법

1. N + 에게, 한테, 께

다음에서 알맞은 것을 골라 보세요.

❶ 동생(에게/께) 모자를 줬어요.

❷ 어머니(한테/께) 전화를 했어요.

❸ 할머니(에게/께) 카드를 보내 드렸어요.

❹ 애인(한테/께) 꽃과 선물을 줬어요.

Grammar Focus

동생, 친구	에게/한테	친구에게/한테 선물을 줬어요.
선생님,부모님,직장 상사	께	부모님께 선물을 드렸어요.

2. V + (으)러 가다/오다

다음 〈보기〉와 같이 알맞게 써 보세요.

보기

쉬다 + 가다 → 쉬러 가요

책을 읽다 + 오다 → 책을 읽으러 와요

❶ 신발을 사다 + 가다

→ ____________________

❷ 점심을 먹다 + 오다

→ ____________________

❸ 음악을 듣다 + 가다

→ ____________________

❹ 가: 어디 가요?

나: 백화점에 옷을 ____________________.

Grammar Focus

consonant (받침) + 으러 가다	vowel + 러 가다
먹으러 가다	자러 가다

3. V + 아/어/여야 되다

다음 〈보기〉와 같이 알맞게 대화를 완성하세요.

보기

가: 소포를 부치고 싶어요. 어떻게 해야 돼요?
나: 우체국에 가야 돼요.

❶ 가: 어디 가세요?

나: 슈퍼에 가요. 오늘 친구가 집에 와서 ______________________.

❷ 가: 주말에 뭐 해요?

나: 월요일에 시험이 있어요. 그래서 ______________________.

❸ 가: 같이 점심 먹을까요?

나: 미안해요. 약속이 있어서 ______________________.

❹ 가: 감기에 걸렸어요. 어떻게 해야 돼요?

나: 감기에 걸렸으면 ______________________.

Grammar Focus

아, 오 + 아야 되다	other + 어야 되다	하 + 여야 되다 → 해야 되다
가다 → 가야 되다	먹다 → 먹어야 되다	운동하다 → 운동해야 되다

4. V + (으)면 안 되다

다음 <보기>와 같이 대화를 완성하세요.

보기
가: 닭고기를 먹어도 돼요?
나: 아니요, 닭고기를 먹으면 안 돼요.

① 가: 오른쪽으로 가도 돼요?

나: 아니요, ______________________.

② 가: 이 우유 마셔도 돼요?

나: 아니요, ______________________.

③ 가: 이 그림 사진 찍어도 돼요?

나: 아니요, ______________________.

④ 가: 이 옷 입어 봐도 돼요?

나: 아니요, ______________________.

Grammar Focus

consonant(받침) + 으면 안 되다	vowel + 면 안 되다
먹으면 안 되다	가면 안 되다

5. N + (이)나

<보기>와 같이 '-(이)나' 를 이용해서 대화를 완성하세요.

보기
가: 시간이 있으면 뭐 해요?
나: 농구나 축구를 해요.

① 가: 어디에서 산책을 해요?

나: (공원 / 학교 운동장) ______________에서 산책을 해요.

❷ 가: 이번 주말에 어디에 가요?

나: (관악산 / 청계산) ____________________.

❸ 가: 배가 너무 고파요. 우리 뭐 먹을까요?

나: (된장찌개 / 불고기 정식) ____________________.

❹ 가: 주말에 뭐 해요?

나: (/   ) ____________________.

Grammar Focus

consonant(받침) + 이나	vowel + 나
수박이나 사과	포도나 딸기

쓰기

▶ 친구에게 편지를 써 보세요.

지선 씨에게

안녕하세요? 잘 지내셨어요? ____________________

____

____

____

____

____

그럼, 안녕히 계세요.

년 월 일

____

형용사 II

멀다/가깝다

시원하다/따뜻하다

좋다/싫다

같다/다르다

배고프다/배부르다

조용하다/시끄럽다

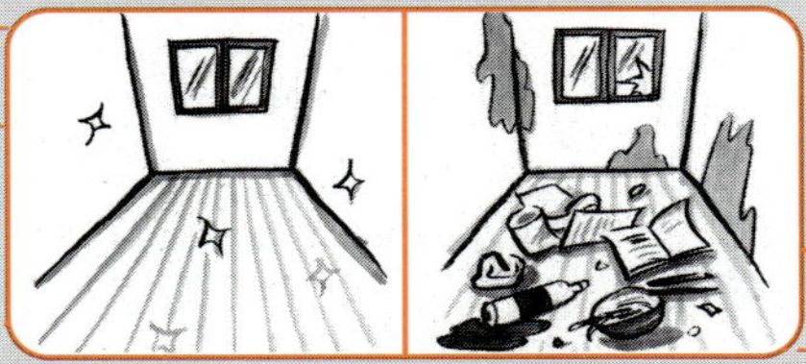

깨끗하다/더럽다

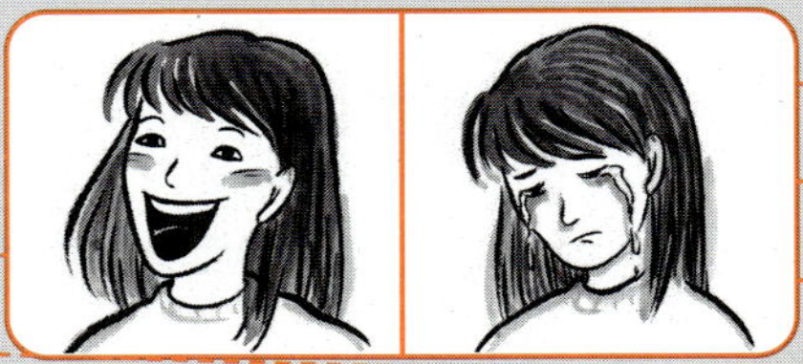

기쁘다/슬프다

아프다

피곤하다

예쁘다

나쁘다

답안

제1과 인사와 소개 *Getting to know you*

● 어휘

1.

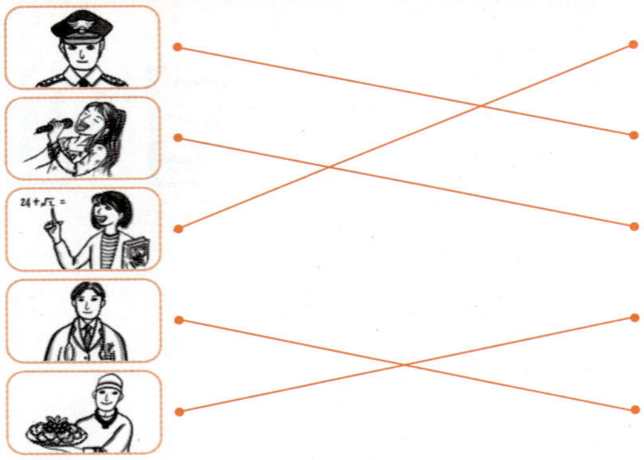

선생님
경찰
가수
요리사
의사

2. ❶ 독일 ❷ 중국 ❸ 러시아
❹ 일본 ❺ 브라질

3. ❶ 몽골 사람 ❷ 이집트 사람 ❸ 베트남 사람
❹ 프랑스 사람 ❺ 영국 사람 ❻ 미국 사람

4. ❶ 지우개 ❷ 책상 ❸ 칠판
❹ 연필 ❺ 의자 ❻ 공책

● 문법

1. ❶ 회사원입니다. ❷ 친구입니다.
❸ 요리사입니까? ❹ 사과입니까?

2. ❶ 의사예요. ❷ 간호사예요.
❸ 외교관이에요. ❹ 회사원이에요.

3. ❶ 일본 사람이에요. ❷ 중국 사람이에요.
❸ 독일 사람이에요. ❹ 브라질 사람이에요.

4. ❶ 이 ❷ 가
❸ 이름이 호나우두예요. ❹ 고향이 부산이에요.

● 쓰기

예시
안녕하세요? 저는 이름이 도나예요.
저는 영국 사람입니다. 직업이 요리사예요. 취미는 농구예요.

Lesson 2 하루 일과 *Daily Activity*

● 어휘

1. ❶ ㉮ 월요일 ㉯ 수요일 ㉰ 목요일 ㉱ 일요일
❷ 수요일이에요. ❸ 사월 이십일이에요.
❹ 사월 이십일일이에요.

2. ❶ 여섯 시 ❷ 여덟 시 ❸ 오후 ❹ 점심

3. ❶ 오후 다섯 시 십분 ❷ 오전 여덟 시 삼십분
❸ 오전 열한 시 십분 ❹ 오후 일곱 시 이십오분

4. 일어나요, 학교 가요, 공부해요, 점심 먹어요, 운동해요, 샤워해요, 숙제해요, 자요

● 문법

1. ❶ 자요 ❷ 좋아요 ❸ 살아요 ❹ 만나요
❺ 만들어요 ❻ 읽어요 ❼ 배워요 ❽ 춤을 춰요
❾ 운동해요 ❿ 쇼핑해요 ⓫ 요리해요 ⓬ 좋아해요

2. ❶ 을 ❷ 를 ❸ 을 먹어요. ❹ 를 만나요.

3. ❶ 아홉 시에 ❷ 열두 시에 ❸ 월요일에 ❹ 주말에

4. ❶ 축구를 ❷ 피자를 좋아해요.
❸ 오늘은 무슨 요일이에요? ❹ 무슨 과일을 좋아해요?

● 쓰기

1. 예시
주말에 열 시에 일어나요. 열한 시에 아침을 먹어요. 점심에 친구를 만나요. 저녁에 집에 와요. 한국어를 공부해요. 밤 열한 시에 자요.

Lesson 3 교통 *Transportation*

● 어휘

1. ❶ 앞 ❷ 뒤 ❸ 옆 ❹ 위

2.

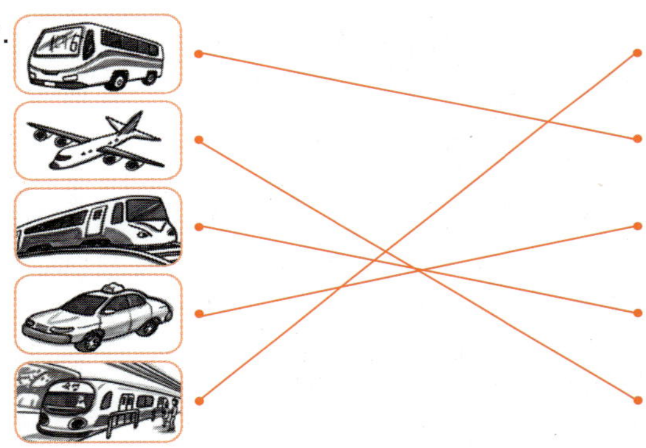

지하철
버스
택시
기차
비행기

3.

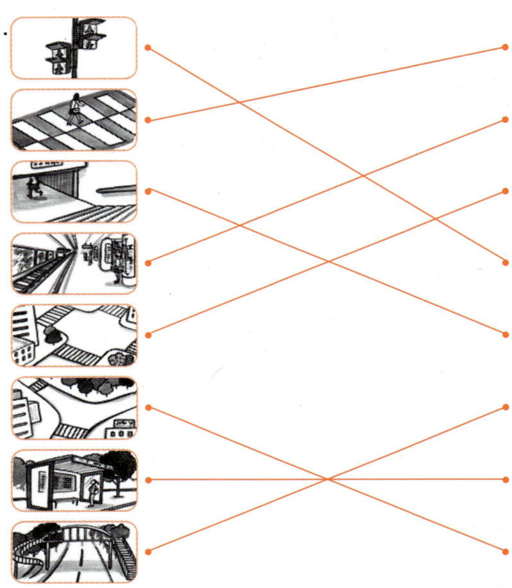

횡단보도
지하철역
사거리
신호등
지하도
육교
버스정류장
삼거리

4. ❶ 학교 자전거로 ❷ 경복궁 택시로 ❸ 서울역 지하철로
❹ 부산 기차로 ❺ 뉴욕 비행기로

● 문법

1. ❶ 왼쪽에 식당이 있어요. ❷ 명동에 백화점이 있어요.
❸ 책상 위에 한국말 책이 있어요. ❹ 고향에 친구가 있어요.

2. ❶ 도서관하고 우체국에 가요. ❷ 빵하고 우유 주세요.
❸ 침대하고 책상이 있어요. ❹ 축구하고 야구를 좋아해요.

3. ❶ 친구는 왼쪽으로 가요. ❷ 그 사람은 도서관으로 가요.
❸ 대사관에 지하철로 가요. ❹ 학교에 버스로 가요.

4. ❶ 도서관에 가세요. ❷ 신문을 읽으세요.
❸ 지하철을 타세요. ❹ 왼쪽으로 30미터쯤 가세요.

● 쓰기

예시

저는 용산에 살아요. 집은 공원 뒤에 있어요. 학교는 우체국 옆에 있어요. 집에서 학교까지 걸어서 가요. 집에서 학교까지 걸어서 10분 걸려요.

Lesson 4 취미와 여가 생활 *Hobbies and Spare Times*

● 어휘

1.
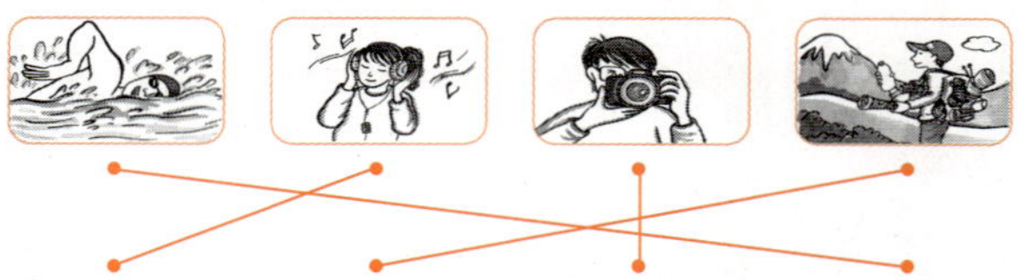

음악 감상 여행 사진 찍기 수영

2. ❶ 타다 ❷ 타다 ❸ 치다
❹ 하다 ❺ 타다 ❻ 하다

3.
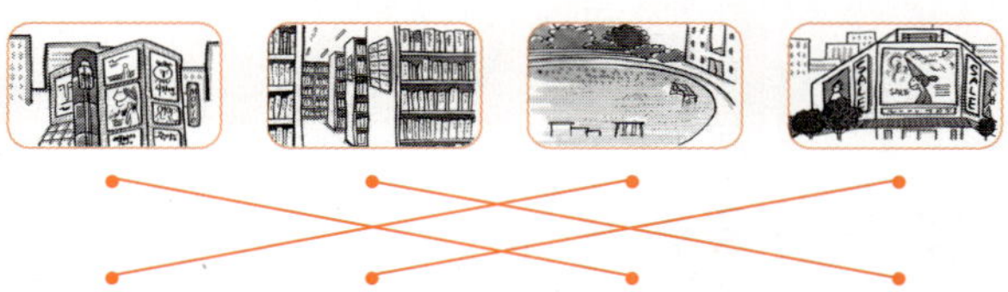

축구 쇼핑 영화 감상 독서

● 문법

1. ❶ 볼링을 칠 줄 알아요. ❷ 불고기를 만들 줄 알아요.
❸ 농구를 할 줄 알아요. ❹ 골프를 칠 줄 알아요?

2. ❶ 도서관 ❷ 커피숍에서 만나요.
❸ 어디에서 운동해요? ❹ 학교에서 점심을 먹어요.

3. ❶ 하고 ❷ 하고 ❸ 하고 있어요. ❹ 친구하고

4. ❶ 하고 = 저는 데이비드와 극장에 가요.
❷ 하고 = 호나우두는 베라와 저녁을 먹어요.
❸ 민호하고 운동을 해요. = 지선 씨는 민호와 운동을 해요.
❹ 링링은 지선하고 요리를 해요. = 링링은 지선과 요리를 해요.

● 쓰기

예시

제 취미는 요리예요. 한국 음식을 만들 줄 알아요. 김치찌개하고 불고기를 만들 줄 알아요. 기숙사에서 만들어요. 친구하고 만들어요.

Lesson 5 전화 *Calling*

● 어휘

1. ❶ 공이-칠일공-구일육오 ❷ 공일공-구사구일-오일삼공
❸ 공칠공-칠구구육-팔일구이 ❹ 공일공-이공사오-삼이육칠
❺ 공일공-삼공사이-팔칠사일

2.
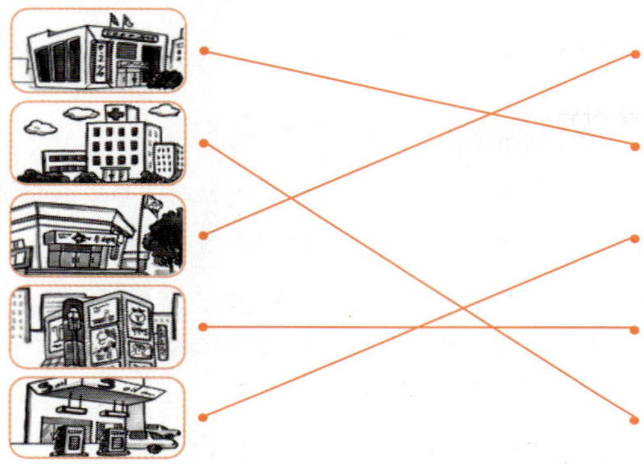

우체국
은행
주유소
영화관
병원

3. ❶ 두 마리 ❷ 다섯 잔
❸ 한 개 ❹ 네 명
❺ 세 송이 ❻ 두 그릇
❼ 한 벌 ❽ 세 대
❾ 다섯 장

● 문법

1. ❶ 약을 사 주세요. ❷ 김치를 만들어 주세요.
❸ 창문을 열어 주세요. ❹ 돈을 빌려 주세요.
❺ 사진을 찍어 주세요.

2. ❶ 수진 씨가 식당에 안 가요. ❷ 유리 씨가 고기를 안 먹어요.
❸ 베라 씨가 지금 안 바빠요.
❹ 데이비드 씨가 지금 수영 안 해요.

3. ❶ 먹습니다 ❷ 어렵습니다 ❸ 입니다 ❹ 떠납니다

4. ❶ 좋아합니까? ❷ 어렵습니까?
❸ 한국말 선생님입니까? ❹ 탈 줄 압니까?

5. ❶ 두 명 있어요. ❷ 주스 다섯 병을 사요.
❸ 고양이 한 마리가 있어요.
❹ 우유 한 잔하고 빵 두 개를 주세요.

● 쓰기

저는 영국 사람입니다. 저는 요리사입니다. 저는 고기를 안 먹습니다. 과일하고 야채를 좋아합니다. 저는 김치도 좋아합니다. 김치를 만들 줄 모릅니다. 그래서 요즘 학원에서 요리를 배웁니다.

Lesson 6 쇼핑 *Shopping*

● 어휘

1.

슈퍼마켓　　백화점　　옷 가게　　시장

2. ❶ 바지　❷ 구두　❸ 꽃　❹ 고양이
❺ 넥타이　❻ 가방　❼ 생선　❽ 치마

3. ❶ 영수증이에요.　❷ 받은 돈이에요.　❸ 거스름돈이에요.
❹ 생선 세 마리하고 우유 두 팩하고 과자 두 개하고 라면 세 상자하고 계란 한 판을 샀어요.

● 문법

1. ❶ 읽을 수 있어요.　❷ 한국 노래를 부를 수 없어요.
❸ 만들 수 있어요,　❹ 학교에 갈 수 없어요.

2. ❶ 서울에서 살아 봤어요.　❷ 이 옷을 입어 봤어요.
❸ 김치를 먹어 봤어요.　❹ 한국 소설을 읽어 봤어요.
❺ 아니요, 제주도에 안 가 봤어요.

3. ❶ 남대문 시장에서 옷을 샀어요.　❷ 학교 앞에서 친구를 만났어요.
❸ 집에 있었어요.　❹ 주말에 쇼핑했어요.

4. ❶ 수영을 못 해요/ 수영을 할 수 없어요.
❷ 운전을 못 해요/ 운전을 할 수 없어요.
❸ 김치를 못 먹어요. / 김치를 먹을 수 없어요.
❹ 한국 요리를 못 해요. / 한국 요리를 할 수 없어요.

5. ❶ 열 송이에　❷ 한 권에 700원이에요.
❸ 가: 옷 한 벌에 얼마예요?
나: 옷 한 벌에 250000원이에요.
❹ 가: 콜라 한 병에 얼마예요?
나: 콜라 한 병에 1800원이에요.

● 쓰기

예시

저는 보통 명동에서 쇼핑을 해요. 명동에서 화장품하고 옷을 살 수 있어요. 거기에서 자동차를 살 수 없어요. 그리고 서점에 가 보세요. 책이 많이 있어요.

Lesson 7 가족과 친구 *Family and friends*

● 어휘

1. ❶ 친할아버지, 친할머니, 외할아버지, 외할머니, 아버지, 어머니, 오빠, 남동생, 언니, 여동생
❷ 형, 남동생, 누나, 여동생

2. ❶ 머리　❷ 귀　❸ 목　❹ 어깨
❺ 팔　❻ 손　❼ 배　❽ 무릎
❾ 다리　❿ 발

● 문법

1. ❶ 날씨가 맑고 따뜻해요.
❷ 저는 테니스 치고 친구는 수영해요.
❸ 책을 읽고 영화를 봤어요.
❹ 낮에는 공부하고 저녁에는 일해요.

2. ❶ 수미 씨가 도서관에 가지 않아요.
❷ 혼자 숙제하지 않았어요.
❸ 키가 크지 않아요.
❹ 비싸지 않아요.

3. ❶ ① 작은 ② 큰　❷ 높은　❸ 맛있는
❹ ① 비싼 ② 싼　❺ 좋은

4. ❶ 더워요?　❷ 어려워요.　❸ 가까워요?　❹ 매워요. 매운

5. ❶ 아파서　❷ 없어서　❸ 잘 봐서　❹ 배가 고파서

● 쓰기

예시

	월	화	수	목	금
어디에서	학교 앞에서	운동장에서	도서관에서	동대문 시장에서	친구 집에서
무엇을	친구를 만났어요	농구를 했어요	책을 읽었어요	원피스를 샀어요	불고기를 만들었어요

예시

월요일에는 도서관에서 공부를 했어요.
화요일에는 친구 집에서 TV를 봤어요.
수요일에는 운동장에서 농구를 했어요.
목요일에는 집에서 불고기를 만들었어요.
금요일에는 명동에서 바지를 샀어요.
토요일에는 집에서 청소를 했어요.
일요일에는 집에서 숙제를 했어요.

Lesson 8 병원 *Hospital*

● 어휘

1. ❶ 의사　❷ 약국　❸ 병원　❹ 간호사

2. ❶ 한의원　❷ 이비인후과　❸ 치과　❹ 내과

3.

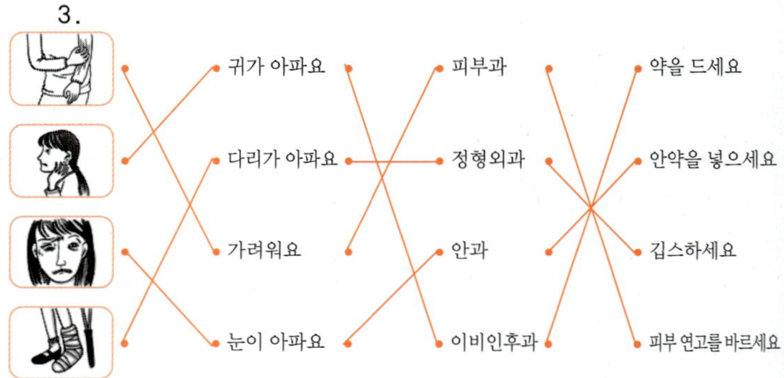

4. ❶ 이번 주 ❷ 지난달, 다음 달
❸ 작년, 올해 ❹ 엊그제, 오늘, 모레

● 문법

1. ❶ 공부를 하고 나서 밥을 먹어요.
❷ 쇼핑을 하고 나서 집에 가요.
❸ 티비를 봐요. 낮잠을 자고 나서 티비를 봐요.
❹ 나: 공부를 하고 나서 집에 가요.

2. ❶ 머리가 아프면 약을 먹어요.
❷ 한국어를 공부하면 재미있어요.
❸ 나: 다리가 부러지면 정형외과에 가요.
❹ 나: 돈이 많으면 집을 사요.

3. ❶ 열이 나면 약을 먹어야 해요.
❷ 다리가 아프면 파스를 붙여야 해요.
❸ 피곤하면 쉬어야 해요.
❹ 잠을 자야 해요.
❺ 일을 끝내고 일찍 잠을 자야 해요.

● 쓰기

예시

나는 감기에 걸리면 목이 아파요. 콧물도 나요. 하지만 병원에 가지 않아요. 나는 감기에 걸리면 오렌지 주스를 마셔요. 그리고 잠을 자요. 잠을 많이 자요.

Lesson 9 식당과 음식 *Restaurant and food*

● 어휘

1. ❶ 김밥 ❷ 비빔밥 ❸ 불고기
❹ 잡채 ❺ 삼계탕 ❻ 떡

2.

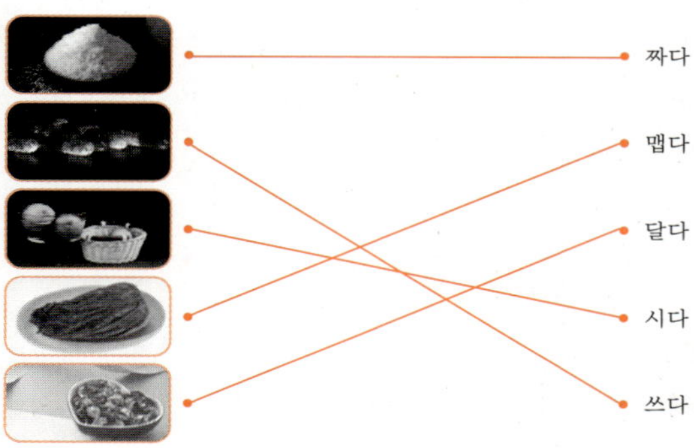

3.

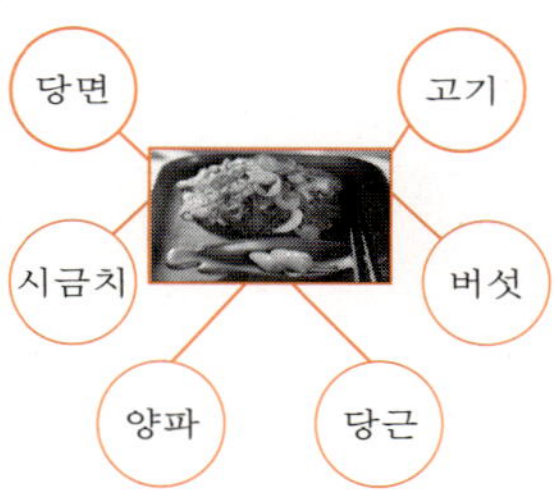

● 문법

1. ❶ 주문할까요? ❷ 사진을 찍을까요?
❸ 영화 볼까요? ❹ 불고기를 만들까요?

2. ❶ 빵을 먹고 싶어요. ❷ 빨리 쉬고 싶어요.
❸ 생일 케이크를 만들고 싶어요.
❹ 설악산과 제주도를 구경하고 싶어 해요.

3. ❶ 수영할 거예요. ❷ 한복을 입을 거예요.
❸ 한강에 가서 멋진 사진을 찍을 거예요.
❹ 경주 불국사를 구경할 거예요.

4. (1) ❶ 한국말 책을 읽겠어요. ❷ 옷을 입겠어요.
❸ 불고기를 만들겠어요. ❹ 주말에 집을 청소하겠어요.
(2) ❶ 주문하겠어요.? ❷ 가겠어요?
❸ 쇼핑하겠어요? ❹ 찍겠어요?

● 쓰기

예시

유리 씨는 월요일에는 남대문 시장에서 쇼핑할 거예요. 화요일에는 친구와 점심을 먹을 거예요. 수요일에는 태권도 수업에 갈 거예요. 목요일에는 병원에 갈 거예요. 금요일에는 친구 생일 파티에 갈 거예요. 토요일에는 집을 청소할 거예요.

Lesson 10 계절과 날씨 *Season and Weather*

● 어휘

1.

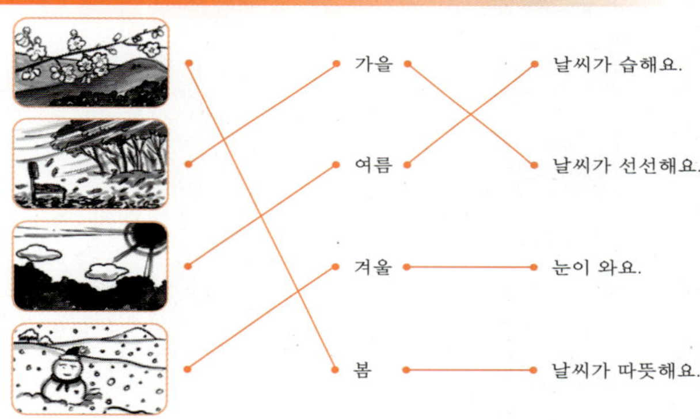

2.

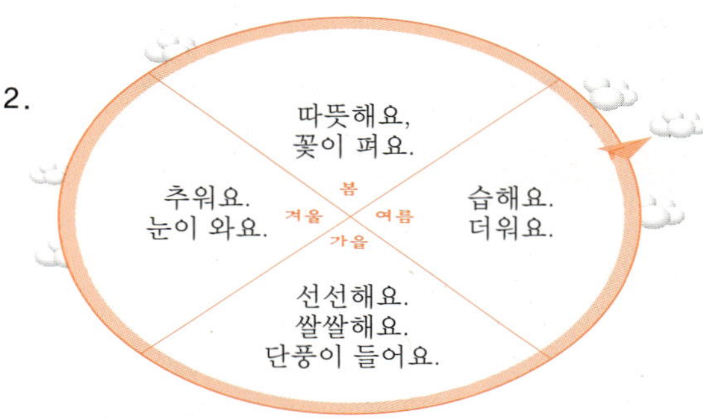

3. ❶ 흐리다 ❷ 건조하다 ❸ 선선하다, 춥다 ❹ 여름, 겨울

● 문법

1. ❶ 김치는 맵지만 맛있습니다.
   ❷ 그 커피숍은 값이 비싸지만 친절해요.
   ❸ 못 하지만, 할 수 있어요.
   ❹ 지선 씨는 영어는 잘 하지만 중국어는 못해요.

2. ❶ 눈이 오기 때문에　❷ 점심을 많이 먹었기 때문에
   ❸ (예시) 재미있
   ❹ (예시) 아니요, 요즘 너무 바쁘기 때문에 자주 못 해요.

3. ❶ 키가 크네요.　❷ 친구가 많네요.
   ❸ 한국어 공부가 힘드네요.　❹ 불고기가 정말 맛있네요.

4. ❶ 내일 날씨가 춥겠어요.　❷ 일이 많아서 힘들겠어요.
   ❸ 아프겠어요.　❹ 기쁘겠어요.

● 쓰기

예시

오늘의 날씨를 알려드리겠습니다. 오늘은 날씨가 덥겠습니다.
아침 기온은 28도, 오후에는 35도가 되겠습니다.
내일은 비가 오겠습니다. 이상 기상캐스터 마이클이었습니다.

Lesson 11 초대와 축하 *Invitation and congratulation*

● 어휘

1.
 — 집들이
 — 돌잔치
 — 백일 잔치
 — 결혼식
 — 회갑
 — 생일 파티

2. ❶ 청첩장　❷ 웨딩드레스　❸ 신부　❹ 돌잡이

● 문법

1. ❶ 집에 가서 쉬어요.
   ❷ 김밥을 만들어서 먹어요.
   ❸ 사과를 씻어서 먹어요.
   ❹ (예시) 앉아서 기다리세요.
   ❺ (예시) 친구를 만나서 영화를 봤어요.

2. ❶ 늦게 가도 돼요?　❷ 취소해도 돼요?
   ❸ 입어 봐도 돼요?　❹ 소포를 보내도 돼요?

3. ❶ 7시까지 올게요.　❷ 전화 드릴게요.
   ❸ (신문을) 읽을게요.　❹ 만들게요.

● 쓰기

예시

〈초대장〉

링링의 생일 파티에 여러분을 초대합니다.
바쁘겠지만 꼭 와 주세요.

일시 : 2020년 4월 16일(월) 오후 2시
장소: 학교 앞 중국집
전화: 010-2244-7788 (주말까지 전화해 주세요)

Lesson 12 우체국과 은행 *Post office and Bank*

● 어휘

1. ❶ 우체국　❷ 편지　❸ 은행
   ❹ 도장　❺ 통장　❻ 엽서

2. ❶ 인출하다　❷ 환전하다　❸ 송금하다
   ❹ 붙이다　❺ 찍다　❻ 쓰다

● 문법

1. ❶ 동생(**에게**/께) 모자를 줬어요.
   ❷ 어머니(한테/**께**) 전화를 했어요.
   ❸ 할머니(에게/**께**) 카드를 보내 드렸어요.
   ❹ 애인(**한테**/께) 꽃과 선물을 줬어요.

2. ❶ 신발을 사러 가요.　❷ 점심을 먹으러 와요.
   ❸ 음악을 들으러 가요.　❹ 사러 가요.

3. ❶ (예시) 과일을 사야 해요.
   ❷ (예시) 주말에 시험 공부를 해야 해요.
   ❸ (예시) 약을 먹고 쉬어야 해요.
   ❹ (예시) 병원에 가야 돼요.

4. ❶ 오른쪽으로 가면 안 돼요.　❷ 이 우유 마시면 안 돼요.
   ❸ 사진 찍으면 안 돼요.　❹ 입어 보면 안 돼요.

5. ❶ 공원이나 학교 운동장　❷ 관악산이나 청계산에 가요.
   ❸ 된장찌개나 불고기 정식을 먹어요.
   ❹ (예시) 공부, 청소, 공부나 청소를 해요.

● 쓰기

예시

지선 씨에게

안녕하세요? 잘 지내셨어요?
지난 주말에 친구하고 공원에 잘 갔어요? 어땠어요? 재미있었죠?
저도 가고 싶었어요. 그런데 감기 때문에 너무 힘들어서 갈 수 없었어요. 그래서 학교에 못 갔어요. 지금은 아프지 않아요.
다음 주에는 학교에 갈 수 있어요.
그럼 다음 주에 만나요.
안녕히 계세요.

2012년 6 월 5 일
링링 드림

아하! 한국어 1

A-ha! Korean

숙명여자대학교 한국어교재위원회

- **김경령**
  University of Illinois at Urbana Champaign, Ph. D
  숙명여자대학교 한국어문학부 부교수
  국제언어문화교육원 한국어교육센터장

- **이홍식**
  서울대학교 국어국문학 문학 박사
  숙명여자대학교 한국어문학부 교수

- **문금현**
  서울대학교 국어국문학 문학 박사
  숙명여자대학교 한국어문학부 부교수

- **이소영**
  숙명여자대학교 한국어문학부 문학 박사
  국제언어문화교육원 한국어 객원교수

- **이영희**
  숙명여자대학교 국어국문학 문학 박사
  주한미국대사관 한국어 강사

- **엄소연**
  숙명여자대학교 한국어문학부 문학 박사 수료
  국제언어문화교육원 한국어 책임강사

〈연구보조원〉

- **이세훈**
  숙명여자대학교 한국어문학부 문학 박사 수료
  국제언어문화교육원 한국어 강사

- **우보의**
  숙명여자대학교 한국어문학부 문학 석사

- **Richard Dubois**
  숙명여자대학교 영어영문학부 강의 교수

일러스트 정효정

아하! 한국어 1

(Student's Book, Work Book, CD, Word List)

지은이 숙명여자대학교 한국어교재위원회
펴낸이 조경희
펴낸곳 경문사
펴낸날 2011년 9월 5일
2017년 4월 20일
등 록 1979년 11월 9일 제313-1979-23호
주 소 04057, 서울특별시 마포구 와우산로 174
전 화 (02)332-2004 팩스 (02)336-5193
이메일 kyungmoon@kyungmoon.com
facebook facebook.com/kyungmoonsa

값 30,000원

ISBN 978-89-6105-500-0
ISBN 978-89-6105-498-0(세트)

★ 경문사 홈페이지에 오시면 즐거운 일이 생깁니다.
http://www.kyungmoon.com

아하! 한국어

A-ha! Korean

1

Student's Book

숙명여자대학교 한국어교재위원회

KM 경문사

등장인물

Character

이민호 (20대, 한국)

컴퓨터 공학 전공하고 있는
한국 대학생입니다.

데이비드 최 (20대, 미국)

교환 학생으로 한국에서 공부
중인 재미교포입니다.

호나우두 (20대, 브라질)

한국의 IT기술을 배우기 위해
유학을 온 학생입니다.

김지선 (20대, 한국)

한국어를 전공하는
대학생입니다.

링링 (20대, 중국)

한국에서 공부 중인
교환학생입니다.

유키 (20대, 일본)

한국에서 공부 중인
교환학생입니다.

이소영 (30대, 한국)

한국어 선생님입니다.

베라 (30대, 독일)

회사원인데 한국 사람과
결혼할 예정입니다.

유리 (40대, 러시아)

한국 기업에서 근무 중인
회사원입니다.

머리말

Preface

아하! 한국어는 숙명여자대학교에서 개발한 한국어 교재 시리즈로 한국어를 배우고자 하는 성인 학습자를 대상으로 한국어 표현 능력과 이해 능력을 증진시키는 데에 목표를 두고 개발하였다.

아하! 한국어는 한국어 교육의 가장 기본이 되는 '한글' 습득 단계 교재를 시작으로 5권의 주교재와 이에 따른 5권의 보조 교재, 듣기와 말하기 기능을 보조하는 CD, 각각의 텍스트에서 소개되는 단어를 정리한 단어장 그리고 교사지침서 등으로 구성되었다. 주교재에서는 주제 중심으로 단원을 구성하였고 각각의 대화문은 실생활에서 쉽게 접할 수 있는 상황 및 기능이 제시되었다. 다양한 방법으로 문형 연습을 할 수 있도록 지문을 구성하였고 보조 교재를 통해 학습자 스스로 배운 문형과 어휘를 점검하고 복습할 수 있도록 하였다. 단원마다 새로 소개되는 어휘의 뜻을 수시로 빠르게 점검할 수 있도록 지면 구성의 효율성에 힘썼다. 또한 교사지침서를 제작하여 본 교재를 좀더 체계적으로 교사가 사용할 수 있도록 한국어 발음, 문법, 어휘, 교수법 등에 대한 자세한 내용을 수록하였다. 무엇보다도 본 교재의 특징은 언어 교수 이론에 근거한 효율적인 교수법들이 내용 전반에 깔려 있어 한국어를 보다 쉽게 이해하고 습득할 수 있도록 한 점이다.

본 교재는 외국인 학습자를 대상으로 다년간 한국어를 강의한 교육 경험이 풍부한 전문 한국어 교사진과 국어학 및 언어 교수 이론에서 전문성을 확보하고 있는 연구진의 공동 작업으로 완성되었다. 오랜 기간에 걸쳐 집필 및 출판 과정에 헌신적으로 참여해 준 한국어 교사진과 연구진, 기획과 출판 과정에서 적극적으로 협조를 해 주신 경문사 박문규 사장님께 감사를 드린다.

특별히 숙명한국어 교재가 출간될 수 있도록 아낌없는 지원을 해 주신 한영실 총장님과 도움의 말씀을 주신 한국어문학부 교수님들께 감사를 드린다.

2011년 8월

김경령

일러두기

Preview

아하! 한국어 1은 한글의 자모를 익힌 후 한국어의 초급 단계를 시작하는 학습자를 대상으로 숙명여자대학교에서 개발한 한국어 교재로 생활에 필요한 기초적인 내용으로 구성한 통합 교재이다. 본 교재를 학습하면서 한국어의 기본 어휘, 문장 구조, 문법 등의 지식과 활용을 통해 기초적인 의사소통 능력을 기르는 데 목표를 두었다.

전체 12과로 이루어져 있으며, 각 과는 대화, 발음, 어휘, 문법, 활동으로 구성되었다. 과가 시작할 때마다 해당과의 학습목표, 문법 항목, 활동을 요약해 두었다. 대화와 듣기 활동 영역에는 기자재를 사용하여 들을 수 있도록 CD 표시가 되어 있다.

1. 대화

각 과의 주제에 맞는 내용으로 3~4개의 대화를 마련하였다. 대화 본문 옆에는 영어 번역을 두고 각주에는 새 단어 항목을 넣어 학습자가 대화 내용을 좀더 쉽게 이해할 수 있도록 하였다.

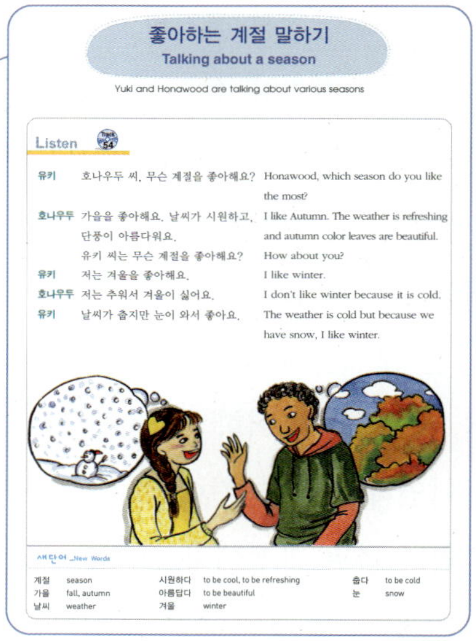

좋아하는 계절 말하기
Talking about a season

Yuki and Honawood are talking about various seasons

Listen 54

유키	호나우두 씨, 무슨 계절을 좋아해요?	Honawood, which season do you like the most?
호나우두	가을을 좋아해요. 날씨가 시원하고, 단풍이 아름다워요. 유키 씨는 무슨 계절을 좋아해요?	I like Autumn. The weather is refreshing and autumn color leaves are beautiful. How about you?
유키	저는 겨울을 좋아해요.	I like winter.
호나우두	저는 추워서 겨울이 싫어요.	I don't like winter because it is cold.
유키	날씨가 춥지만 눈이 와서 좋아요.	The weather is cold but because we have snow, I like winter.

새단어 _New Words

계절	season	시원하다	to be cool, to be refreshing	춥다	to be cold
가을	fall, autumn	아름답다	to be beautiful	눈	snow
날씨	weather	겨울	winter		

2. 발음

한국어의 음운 변화에 대한 설명과 예문을 제시하였고 이를 토대로 발음 연습을 할 수 있도록 '읽어보세요' 난을 만들었다.

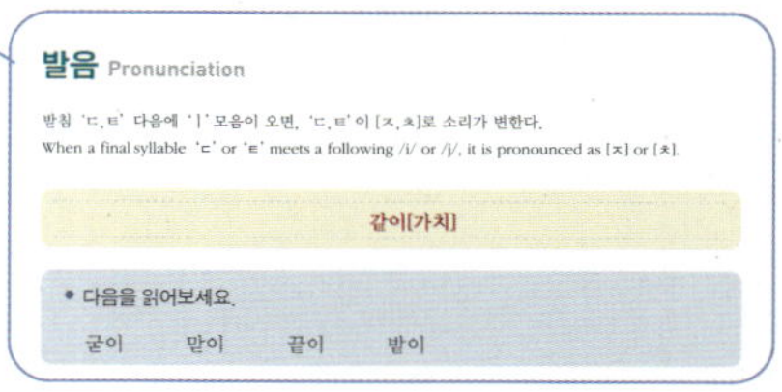

발음 Pronunciation

받침 'ㄷ, ㅌ' 다음에 'ㅣ' 모음이 오면, 'ㄷ, ㅌ' 이 [ㅈ, ㅊ]로 소리가 변한다.
When a final syllable 'ㄷ' or 'ㅌ' meets a following /i/ or /j/, it is pronounced as [ㅈ] or [ㅊ].

같이[가치]

• 다음을 읽어보세요.

굳이 맏이 끝이 밭이

3. 어휘

각 과의 주제와 관련해서 대화나 문법 활동 등에서 사용할 수 있는 기본 어휘를 단어장으로 묶어 제시하였다.

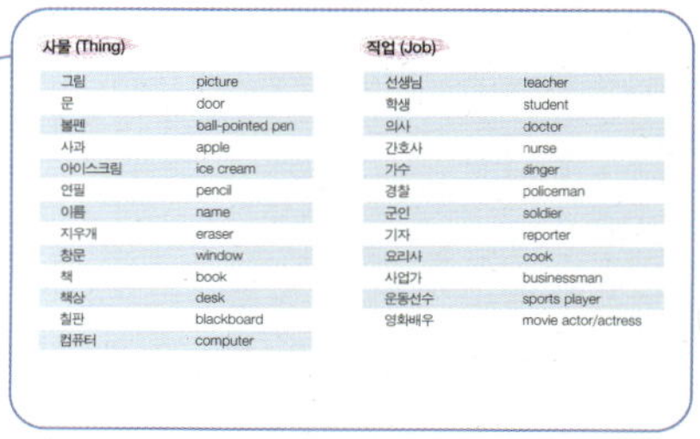

사물 (Thing)		직업 (Job)	
그림	picture	선생님	teacher
문	door	학생	student
볼펜	ball-pointed pen	의사	doctor
사과	apple	간호사	nurse
아이스크림	ice cream	가수	singer
연필	pencil	경찰	policeman
이름	name	군인	soldier
지우개	eraser	기자	reporter
창문	window	요리사	cook
책	book	사업가	businessman
책상	desk	운동선수	sports player
칠판	blackboard	영화배우	movie actor/actress
컴퓨터	computer		

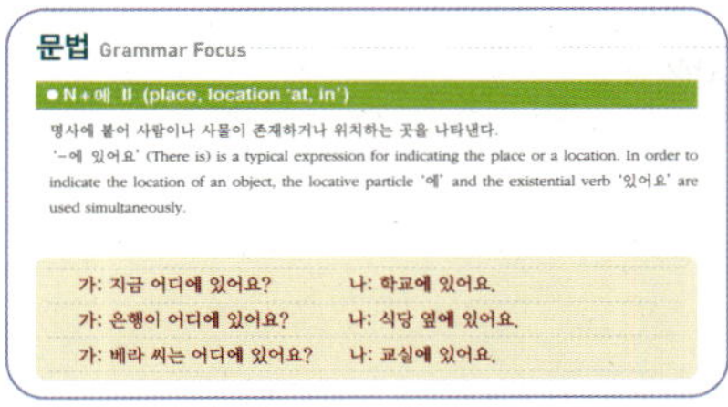

문법 Grammar Focus

● N+에 II (place, location 'at, in')

명사에 붙어 사람이나 사물이 존재하거나 위치하는 곳을 나타낸다.
'-에 있어요' (There is) is a typical expression for indicating the place or a location. In order to indicate the location of an object, the locative particle '에' and the existential verb '있어요' are used simultaneously.

가: 지금 어디에 있어요? 나: 학교에 있어요.
가: 은행이 어디에 있어요? 나: 식당 옆에 있어요.
가: 베라 씨는 어디에 있어요? 나: 교실에 있어요.

4. 문법

각 과마다 4~5개의 문법 사항을 제시하였고 한국어와 영어로 문법 설명을 하였다. 품사범주 표시에서 N은 명사, V는 동사와 형용사를 나타내는 기호로 사용하였다. 문법 항목마다 문장 구성, 대화 구성 등의 연습 문제를 두어 배운 내용을 연습하고 확인해 볼 수 있게 하였다. 새 단어를 영어 번역과 함께 해당 부분에 배치하여 사전을 찾지 않고도 단어의 의미를 알 수 있도록 하였다.

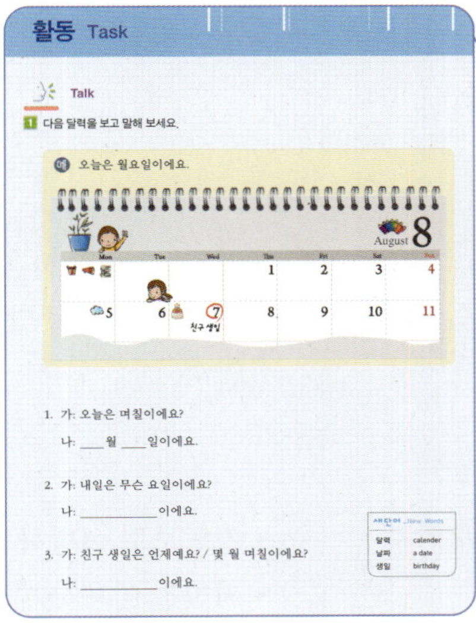

5. 활동

기초적인 의사소통 능력을 기를 수 있도록 언어 기능 연습을 통합적으로 제시하고 있다.

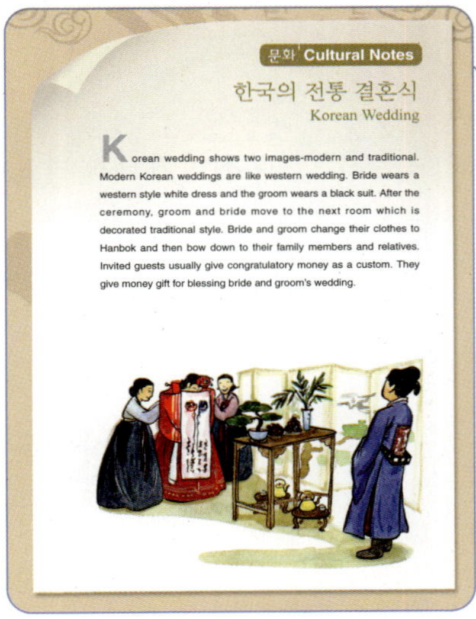

문화 Cultural Notes

한국의 전통 결혼식
Korean Wedding

Korean wedding shows two images-modern and traditional. Modern Korean weddings are like western wedding. Bride wears a western style white dress and the groom wears a black suit. After the ceremony, groom and bride move to the next room which is decorated traditional style. Bride and groom change their clothes to Hanbok and then bow down to their family members and relatives. Invited guests usually give congratulatory money as a custom. They give money gift for blessing bride and groom's wedding.

6. 문화

한국의 전통 문화와 현대 문화를 사진이나 그림과 함께 영어로 제시하였다.

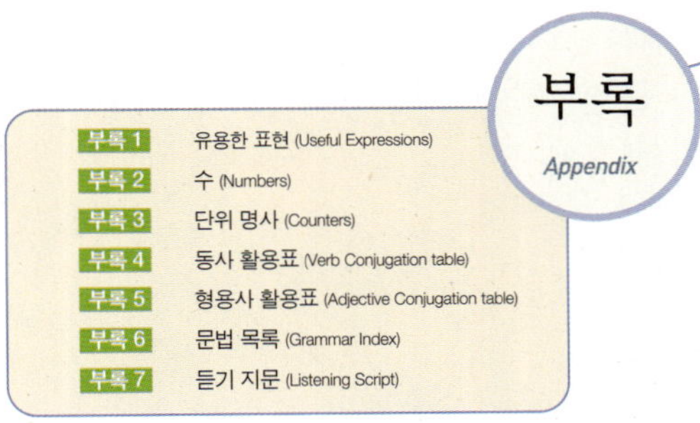

부록
Appendix

부록 1 유용한 표현 (Useful Expressions)
부록 2 수 (Numbers)
부록 3 단위 명사 (Counters)
부록 4 동사 활용표 (Verb Conjugation table)
부록 5 형용사 활용표 (Adjective Conjugation table)
부록 6 문법 목록 (Grammar Index)
부록 7 듣기 지문 (Listening Script)

7. 부록

인사, 수업 용어와 관련한 유용한 표현과 수, 단위 명사를 제시하였고 동사/형용사의 활용표와 문법 목록, 대화와 활동의 듣기 지문을 마련하였다.

단원 구성

Table of Contents

	주제 Topic	문법 Grammar	어휘 Vocabulary	활동 Task
7과	가족과 친구 Family and Friends	V+고 V+지 않다 V+(으)ㄴ/는 ㅂ 불규칙 V+아/어/여서 I	• 외모 • 높임말	• 가족사진 설명하기
8과	병원 Hospital	V+고 나서 V+(으)면 V+아/어/여야 하다	• 증세 • 병원	• 의사와 환자 역할극 하기
9과	식당과 음식 Restaurant and Foods	V+(으)ㄹ까요? V+고 싶다/고 싶어 하다 V+(으)ㄹ 거예요 V+겠 I	• 음식 • 맛	• 메뉴판을 보고 음식 주문하기
10과	계절과 날씨 Season and Weather	V+지만 V+기 때문에 V+네요 V+겠 II	• 계절 • 날씨	• 그림을 보고 다양한 날씨 묘사하기
11과	초대와 축하 Invitation and Celebration	V+아/어/여서 II V+아/어/여도 돼요?/돼요. V+(으)ㄹ게요	• 가족행사	• 초대장 만들기 • 한국 문화 이해하기
12과	우체국과 은행 Post office and Bank	N+에게, 한테, 께 V+(으)러 가다/오다 V+아/어/여야 되다 V+(으)면 안 되다 N+(이)나	• 우체국 • 은행	• 엽서 보내기 • 현금인출기(ATM) 사용하기

차례

Contents

LESSON 01

인사와 소개

Getting to know you

Goals

학습목표 | Objectives

처음 만나거나 오랜만에 만나는 사람과 자연스럽게 인사하기

Greeting someone who you see for the first time

Greeting someone you haven't seen him/her for a long time

문법 | Grammar

N + 입니다./입니까? (to be, formal style)

N + 이에요/예요 (to be, informal style)

_____ 사람 (nationality)

N + 이/가 (subject particle)

활동 | Task

인사하기 Greetings with a bow

소개하기 Introducing oneself

자기 소개하기 1
Introducing yourself 1

Vera and Honawood introduce themselves and greet each other

Listen (Track 02)

베라	안녕하세요?	How are you?
호나우두	네, 안녕하세요?	I'm good. How are you?
	만나서 반가워요.	It's nice to meet you.
베라	네, 만나서 반가워요.	Thank you. It's nice to meet you.
	저는 베라예요.	I am Vera.
호나우두	저는 호나우두입니다.	I am Honawood.
	브라질 사람이에요.	I am Brazilian.

새단어 _New Words

안녕하세요	Hello	저	'저' is a humble form of '나' (Plain form, First person pronoun)
네	Yes		
만나다	to meet	브라질	Brazil
반가워요(반갑다).	Nice to meet you.	브라질 사람	Brazilian

자기 소개하기 2
Introducing yourself 2

Jiseon and Honawood introduce themselves and greet each other

Listen (Track 03)

지선	직업이 뭐예요?	What is your job?
호나우두	저는 회사원입니다.	I am a company employee.
	지선 씨는 선생님입니까?	Are you a teacher?
지선	아니요, 저는 학생이에요.	No, I am a student.

새단어 _New Words

직업	job, occupation	회사원	employee, worker, company staff
뭐	what	학생	student
선생님	teacher	아니요	No

인사하기
Greeting each other

Vera and Soyeong greet each other

Listen Track 04

소영	베라 씨, 오래간만이에요.	Vera, it's been a long time since I've seen you.
베라	소영 씨, 정말 오래간만이에요.	Soyeong, it's been a long time since I've seen you too.
	잘 지냈어요?	How you been well?
소영	네, 잘 지냈어요.	Yes. I have been well.
	베라 씨는 어떻게 지냈어요?	Vera, how about you?
베라	잘 지냈어요.	I have been well, too.

새단어 _New Words

-씨 Mr./Miss. 씨, as in 베라 씨 denotes the speaker's courtesy toward colleagues, co-workers or supervisors at work. It is not appropriate to use 씨 to refer to one's seniors.

오래간만(오랜만)이에요. Long time no see. (오랜만: '오래간만'의 준말)

정말	really, very, indeed
잘	well
지내다	to spend one's time, to get on
어떻게	how
어떻게 지냈어요?	How have you been?
잘 지냈어요.	I was good.

발음 Pronunciation

자음으로 끝난 받침 뒤에 모음이 잇따라 오면 소리가 연이어 발음된다.

If the patchim(syllable final sounds) is followed by a particle, ending or suffix beginning with a vowel, it is pronounced as the first sound of the following syllable.

김지선이에요	[김지서니에요]	사람이에요	[사라미에요]
직업이	[지거비]	오래간만이에요	[오래간마니에요]
지냈어요?	[지내써요]		

- 다음을 읽어보세요.

(1) 한국어　선생님은　맛이　달아요　밥을

(2) 잎이　꽃을　젖어요　있어요

(3) 앉아요　읽어요　닮아요　짧아요　훑어요

어휘 Vocabulary

사물 (Thing)

그림	picture
문	door
볼펜	ball-pointed pen
사과	apple
아이스크림	ice cream
연필	pencil
이름	name
지우개	eraser
창문	window
책	book
책상	desk
칠판	blackboard
컴퓨터	computer

직업 (Job)

선생님	teacher
학생	student
의사	doctor
간호사	nurse
가수	singer
경찰	policeman
군인	soldier
기자	reporter
요리사	cook
사업가	businessman
운동선수	sports player
영화배우	movie actor/actress

나라 (Country)

	한국 Korea		영국 England		중국 China		미국 U.S.A
	캐나다 Canada		독일 Germany		필리핀 Philippines		이탈리아 Italy
	스페인 Spain		일본 Japan		프랑스 France		베트남 Vietnam

문법 Grammar Focus

● N + 입니다. /입니까? (to be, Formal Style)

주어가 지시하는 대상의 부류나 속성을 지정하는 뜻을 나타내며 문장의 서술어가 되게 한다. 평서문과 의문문에 각각 쓰인다. '–이다' functions to link the subject of a sentence with a predicate noun. '–이다' functions to allow nouns or noun-like expressions to act as predicate. '–ㅂ니다' is used expressing a formal style. 'N+입니다' is using for a declarative sentence while 'N+입니까' is using for a interrogative sentence. '–까' is a question marker.

이다	입니다	입니까

이것은 책입니다.	철수는 학생입니다.	김지선입니다.
컴퓨터입니까?	친구입니까?	미국 사람입니까?

1. 다음 문장을 완성하세요.

(1) 학생, 이다 → 학생입니다./학생입니까?

(2) 선생님, 이다 → ____________________

(3) 호나우두, 이다 → ____________________

새단어 _New Words
친구 friend

(4) 중국 사람, 이다 → ______________________

(5) 회사원, 이다 → ______________________

2. 다음 그림을 보고 대화를 완성하세요.

(1) 가: 학생입니까?

나: 아니요, ______________

(2) 가: 의사입니까?

나: 네, ______________

(3) 가: 미국입니까?

나: 네, ______________

(4) 가: 중국입니까?

나: 아니요, ______________

● N + 이에요/예요 (to be, Informal Style)

'-이에요/예요'는 명사에 붙여 문장을 끝맺을 때 사용한다. '-이에요/예요'의 억양을 내리면 진술을 나타내고 억양을 올리면 의문을 나타낸다. 명사가 자음으로 끝나면 '-이에요'를 붙이고 명사가 모음으로 끝나면 '-예요'를 붙인다.

'-이다' acts like a descriptive verb and like other verbs, it can take full range of connective endings. '-이에요/예요' is used expressing informal style. '-이에요/예요' is used after a noun when it finishes a sentence. When an intonation exists, it indicates a question and vice versa. When a noun is ended with a consonant, you have to attach '–이에요' while if a noun is ended with an vowel, '–예요' is attached.

학생	-이에요	학생이에요
가수	-예요	가수예요

저는 학생이에요. **지선 씨는 여자예요.**

이것은 책이에요. **이것은 사과예요.**

학생이에요? **가수예요?**

새단어 _New Words

여자 woman

1. '-이에요/예요 '를 넣어 문장을 완성하세요.

(1) 링링 씨는 ______________________. (학생)

(2) 이것은 ______________________. (밥)

(3) 호나우두 씨는 ______________________. (의사)

(4) 지선 씨는 ______________________. (회사원)

(5) 데이비드 씨는 ______________________? (가수)

(6) 베라 씨는 ______________________? (여자)

(7) 링링 씨는 ______________________? (선생님)

2. 다음 대화를 완성하세요.

(1) 가: 호나우두 씨는 운동선수예요?

나: 네, 저는 ______________________.

(2) 가: 지선 씨는 ______________________?

나: 네, 저는 학생이에요.

(3) 가: 이것은 ______________________?

나: 네, 이것은 책상이에요.

(4) 가: 베라는 ____?

나: 아니요, 베라는 요리사예요.

● ______ 사람 (Nationality)

'___ 사람' 은 국적이나 출신을 표현할 때 사용한다.
'___ 사람' is used for expressing a nationality or origin, birth and etc.

한국 사람	일본 사람	미국 사람	중국 사람	베트남 사람

1. 다음 문장 안에 단어를 넣으세요.

(1) 저는 ____________________________________ 사람이에요. (한국)

(2) 저는 ____________________________________ 사람이에요. (이탈리아)

(3) 저는 ____________________________________ 사람이에요. (중국)

(4) 저는 ____________________________________ 사람이에요. (베트남)

2. 다음 그림을 보고 답하세요.

(1) 한국 사람이에요?

아니요, 저는 ______________ 이에요.

(2) 영국 사람이에요?

아니요, ______________ 이에요.

(3) 링링 씨는 베트남 사람이에요?

아니요, ______________ 이에요.

(4) 호나우두 씨는 스페인 사람이에요?

아니요, ______________ 이에요.

(5) 얀 씨는 프랑스 사람이에요?

아니요, ______________ 이에요.

● N + 이/가 (Subject Particle)

'-이/가'는 문장의 주어임을 나타내는 조사이다. 받침 없는 명사 뒤에는 '-가'를 사용하고 받침 있는 명사 뒤에는 '-이'를 사용한다.

'-이/가' is the subject particle. The subject particle is used to mark the subject of a sentence. Nouns ending in a consonant take '이' while nouns ending in a vowel take '가'.

눈이 예뻐요.　　비가 와요.　　직업이 뭐예요?

1. 다음 문장 안에 '이/가' 를 넣으세요.

(1) 직업____ 회사원이에요.

(2) 지선 씨____ 예뻐요.

(3) 선생님____ 좋아요.

(4) 취미____ 뭐예요?

(5) 아이스크림____ 좋아요.

(6) 이름____ 뭐예요?

2. 다음 대화를 완성하세요.

(1) 가: 지선 씨, 직업_____ 뭐예요?

나: 학생이에요.

(2) 가: 베라 씨_____ 영국 사람이에요?

나: 아니요, 독일 사람이에요.

(3) 가: 저것_____ 뭐예요?

나: 그림이에요.

(4) 가: 영화_____ 재미있어요?

나: 네, 재미있어요.

새단어 _New Words

눈	eye
예쁘다	to be pretty
비	rain
오다	to come, to drop (to rain, to snow)
좋다	to be good
취미	hobby
저것	that
영화	movie
재미있다	to be interesting, to be funny

활동 Task

Talk

1 다음 그림에 대해 말해 보세요.

송민아-한국　　　　링링-중국

가: 안녕하세요? 저는 송민아예요. 한국 사람이에요.

나: 안녕하세요? 저는 링링이에요. 중국 사람이에요.

1. 제임스 – 미국　　// 토니 – 영국
2. 타일러 – 캐나다 // 미칸 – 베트남
3. 하루나 – 일본　　// 타이산 – 중국
4. 나다 – 이집트　　// 둘순 – 터키

새단어 _New Words

캐나다	Canada
이집트	Egypt
터키	Turkey

2 여러분의 이름과 국적을 사용해서 말해 보세요.

안녕하세요?

저는 호나우두예요.

브라질 사람이에요.

Listen

1 잘 듣고 ✔ 표시하세요. Track 05

1. 베라

☐ 한국　☐ 스위스　☐ 미국　☐ 독일

2. 유리

☐ 중국　☐ 러시아　☐ 일본　☐ 스페인

3. 장

☐ 프랑스　☐ 영국　☐ 브라질　☐ 베트남

2 잘 듣고 이름과 나라를 알맞게 연결하세요. Track 06

유키 •	• 영국
마크 •	• 러시아
장 •	• 일본
유리 •	• 프랑스

새단어 _New Words

여러분	everybody
국적	nationality
스위스	Swiss
러시아	Russia
나라	country
몽골	Mongolia

3 잘 듣고 나라 이름을 쓰세요. Track 07

1. ____________________
2. ____________________
3. ____________________

Talk

- 이름과 직업에 대해 묻고 답해 보세요.

가: 이름이 뭐예요?
나: 호나우두예요.
가: 호나우두 씨는 선생님이에요?
나: 아니요, 저는 학생이에요.

Listen

1 잘 듣고 ✔ 표시하세요. Track 08

1. 마크

☐ 학생 ☐ 회사원 ☐ 경찰 ☐ 기자

2. 하나코

☐ 가수 ☐ 은행원 ☐ 의사 ☐ 선생님

3. 데이비드

☐ 교수 ☐ 기자 ☐ 요리사 ☐ 외교관

새단어 _New Words

경찰	police
기자	journalist
은행원	bank teller
교수	professor
외교관	diplomat

2 잘 듣고 이름과 나라, 직업을 알맞게 연결하세요. Track 09

1. 미키 •	• 영국 •	• 학생
	• 러시아 •	• 기자
2. 마리 •	• 일본 •	• 교수
3. 존 •	• 브라질 •	• 사업가
4. 올가 •	• 프랑스 •	• 회사원

3 잘 듣고 직업을 쓰세요. Track 10

1. ______________________________

2. ______________________________

3. ______________________________

Read

• 명함을 읽어 보세요.

숙명여자대학교
SOOKMYUNG WOMEN'S UNIVERSITY
이 소 영
언어교육원 한국어강사
Tel: 710-3324

1. 이름이 뭐예요?

2. 직업이 뭐예요?

새단어 _New Words

명함	business card
언어교육원	language institute
강사	lecturer

- 명함을 만들어 보세요.

Write

- 〈보기〉와 같이 자기소개서를 써 보세요.

보기

① 이름	마이클
② 나라	미국
③ 직업	회사원

안녕하세요?

① 저는 마이클이에요.

② 미국 사람이에요.

③ 회사원이에요.

① 이름	
② 나라	
③ 직업	

안녕하세요?

① ______________________

② ______________________

③ ______________________

문화 Cultural Notes

한국인의 인사법

Greetings with a bow

When Koreans greet each other, they always bow together. In a formal situation, people prefer to bow with a high degree in order to express politeness. In a casual meeting, nodding your head is enough. Greeting expression is '안녕하세요'. Koreans use this expression in the morning, afternoon and evening. It has the meaning of other person's well being. Your response is also '안녕하세요', too.

LESSON 02

하루 일과

Daily Activity

Goals

학습목표 | Objectives

날짜, 요일, 시간을 묻고 대답하기

하루 일과 말하기

Talking about a daily schedule by using a date, a month and a time

문법 | Grammar

V + 아/어/여요 (present, informal, polite ending)

N + 을/를 (object particle)

N + 에 I (time 'at')

무슨 + N (what / what kind of)

활동 | Task

시간표현을 사용하여 하루 일과와 주말활동 말하기

Tasks by using various daily expression

시간과 날짜 묻기
Asking Time and a Date

David asks time and a date to Soyeong

Listen (Track 11)

데이비드	선생님, 오늘은 몇 월 며칠이에요?	Teacher, what is the date and month today?
소영	8월 28일이에요.	It's August 28th.
데이비드	무슨 요일이에요?	What day is it today?
소영	금요일이에요.	It's Friday.
데이비드	지금 몇 시예요?	What time is it now?
소영	오후 3시 20분이에요.	It's three twenty P.M.

새단어 _New Words

오늘	today	28일	28th	지금	now
몇	at what time, how many	무슨	what kind of, some kind of	시	hour, time
월	month	요일	a day of the week	오후	afternoon
며칠	what day, the date	금요일	Friday	분	minute
8월	August				

하루 일과
Daily Activity

Honawood suggests to have lunch together with Vera

Listen
Track 12

베라	호나우두 씨, 오늘 무엇을 해요?	Honawood, what are you going to do for today?
호나우두	한국어 공부해요.	I will study Korean.
베라	수업이 몇 시에 끝나요?	When does your class finish?
호나우두	1시에 끝나요. 점심 같이 먹어요.	It finishes at 1. Let's have lunch together.
베라	네, 좋아요.	Yes. fine by me.

새단어 _New Words

무엇	what, something, anything	공부하다	to study	점심	lunch
하다	to do, to act	수업	class	같이	together
한국어	Korean Language	끝나다	to finish	먹다	to eat

주말활동
Weekend Activity

David and Vera are talking about Korean food

Listen Track 13

베라	데이비드 씨는 토요일에 뭐 해요?	Mr. David, what do you do on Saturday?
데이비드	운동을 해요.	I exercise on Saturday.
	베라 씨는 뭘 해요?	Vera, what do you do on Saturday?
베라	쇼핑을 해요. 그리고 요리를 해요.	I go shopping. And I cook.
데이비드	무슨 요리를 해요?	What kind of food do you cook?
베라	불고기를 만들어요.	I cook Bulgogi.

새단어 _New Words

토요일	Saturday	쇼핑(을 하다)	shopping (to go shopping)
뭐('무엇'의 준말)	what, something, anything (contraction form of '무엇')	요리(를 하다)	cooking (to cook)
운동(을 하다)	exercise (to exercise)	불고기	Bulgogi; Korean roast beef
뭘('무엇을'의 준말)	what kind of, what sort of (contraction form of '무엇을')	만들다	to make

발음 Pronunciation

받침 'ㄷ, ㅌ' 다음에 'ㅣ' 모음이 오면, 'ㄷ, ㅌ'이 [ㅈ, ㅊ]로 소리가 변한다.
When a final syllable 'ㄷ' or 'ㅌ' meets a following /i/ or /j/, it is pronounced as [ㅈ] or [ㅊ].

같이[가치]

- 다음을 읽어보세요.

굳이　　만이　　끝이　　밭이

어휘 Vocabulary

수 (Number)

Arabic numbers	Sino Korean	Native Korean
1	일	하나
2	이	둘
3	삼	셋
4	사	넷
5	오	다섯
6	육	여섯
7	칠	일곱
8	팔	여덟
9	구	아홉
10	십	열
20	이십	스물
30	삼십	서른
40	사십	마흔
50	오십	쉰
60	육십	예순
70	칠십	일흔
80	팔십	여든
90	구십	아흔
100	백	백
1000	천	천
10000	만	만

월 (Month)

1월(일월)	January
2월(이월)	February
3월(삼월)	March
4월(사월)	April
5월(오월)	May
6월(유월)	June
7월(칠월)	July
8월(팔월)	August
9월(구월)	September
10월(시월)	October
11월(십일월)	November
12월(십이월)	December

요일 (Day)

월요일	Monday
화요일	Tuesday
수요일	Wednesday
목요일	Thursday
금요일	Friday
토요일	Saturday
일요일	Sunday

수 + 단위명사 (Number + Counters)

한 (번)	one (time)
두 (번)	two (times)
세 (번)	three (times)
네 (번)	four (times)
다섯 (번)	five (times)
여섯 (번)	six (times)
일곱 (번)	seven (times)
여덟 (번)	eight (times)
아홉 (번)	nine (times)
열 (번)	ten (times)
스무 (번)	twenty (times)
서른 (번)	thirty (times)
마흔 (번)	forty (times)
쉰 (번)	fifty (times)
백 (번)	one hundred (times)

동사 (Action verb)

가다	to go
오다	to come
보다	to look
자다	to sleep
살다	to live
만나다	to meet
받다	to receive
앉다	to sit
일어나다	to get up
먹다	to eat
읽다	to read
듣다	to listen
쓰다	to write
마시다	to drink
배우다	to learn
춤추다	to dance
기다리다	to wait
가르치다	to teach
공부하다	to study
운동하다	to exercise
요리하다	to cook
전화하다	to call
쇼핑하다	to go shopping
등산하다	to hike
청소하다	to clean
좋아하다	to like
사랑하다	to love

문법 Grammar Focus

● V + 아/어/여요(Present, Informal, Polite ending)

비격식적인 상황에서 사용하는 종결어미이다. 어떤 사실을 서술하거나 어떤 사실에 대해 물을 때 사용한다. 용언 어간의 끝음절 모음이 'ㅏ, ㅗ'인 경우에는 '-아요'가 사용된다. 용언 어간이 '하-'이면 '-여요'가 연결되고 축약형 '해요'가 자주 사용된다. 그 외의 경우에는 '-어요'가 연결된다. '-이다'는 '-이에요/예요'로 쓰인다.

'-아/어/여요' are endings expressing at informal situation. These are used when describing or asking about a certain fact. The polite ending '-아/어/여요' is the most frequently used form in conversation. When the last vowel of the stem is either 'ㅏ' or 'ㅗ', '-아요' is used. When the last syllable of stem is '하-', '-여요' is attached. '해요' is the contraction form for this. For the rest of the stems, '-어요' is attached after it.

가다	가 + 아요	가아요 → *가요 (obligatory)
보다	보 + 아요	보아요 → *봐요 (optional)
앉다	앉 + 아요	앉아요
받다	받 + 아요	받아요

자다 → ______________

오다 → ______________

살다 → ______________

먹다	먹 + 어요	먹어요
읽다	읽 + 어요	읽어요
쓰다	쓰 + 어요	쓰어요 → *써요 (obligatory)

마시다 → ______________

배우다 → ______________

가르치다 → ______________

공부하다	공부하 + 여요	공부하여요 → 공부해요 (optional)
운동하다	운동하 + 여요	운동하여요 → 운동해요 (optional)
요리하다	요리하 + 여요	요리하여요 → 요리해요 (optional)

전화하다 → ______________

쇼핑하다 → ______________

1. 다음 '-아/어/여요' 를 이용해서 바꿔 보세요.

(1) 지선 씨는 ______________. (운동하다)

(2) 유리 씨는 음악 ______________. (좋아하다)

(3) 유키 씨는 학교에 ______________? (가다)

새단어 _New Words	
음악	music
학교	school

(4) 친구는 커피 ______________________________. (마시다)

(5) 호나우두 씨는 불고기 ____________________. (만들다)

(6) 링링 씨는 ______________________________. (공부하다)

(7) 베라 씨는 한국어 ________________________. (배우다)

2. 다음 그림을 보고 대화를 완성하세요.

(1) 가: 지선 씨는 토요일에 뭐 해요?

나: ______________________________.

(2) 가: 베라 씨는 뭐 만들어요?

나: ______________________________.

(3) 가: 민수 씨는 오늘 뭐 해요?

나: ______________________________.

(4) 가: 소영 씨는 노래해요?

나: 아니요, 한국어 ______________.

(5) 가: 베라 씨는 지금 친구 만나요?

나: ______________________________.

새단어 _New Words

일하다 to work

● N + 을/를 (Object particle)

명사에 붙어 동작의 대상을 나타낸다. 자음으로 끝나면 '을', 모음으로 끝나면 '를'을 붙인다.
'을/를' is a particle which attach after a noun in order to express that noun is an object. Nouns ending with a consonant, '을' is attached to nouns ending with a vowel, '를' is attached.

한국어를 배워요.	구두를 사요.
음악을 좋아해요.	수박을 먹어요.

1. '을/를' 을 이용해서 문장을 쓰세요.

(1) 불고기___ 만들어요.

(2) 점심___ 먹어요.

(3) 쇼핑___ 해요.

(4) 아이스크림___ 사요.

(5) 친구___ 만나요.

(6) 음악___ 배워요.

(7) 요리___ 해요.

(8) 등산___ 해요.

2. 다음 그림을 보고 대화를 완성하세요.

(1) 가: 링링 씨는 일요일에 무엇을 해요?

나: ______________________.

(2) 가: 베라 씨는 월요일에 뭐 해요?

나: ______________________.

(3) 가: 선생님은 오늘 뭐 해요?

나: ______________________.

(4) 가: 호나우두는 수요일에 뭐 해요?

나: ______________________.

● N + 에 I (time 'at')

시간을 나타내는 말에 붙어 어떤 동작이나 행위, 상태가 일어나는 시간이나 때를 나타낸다.

A postpositional word '에' is attached after a word which expresses a certain time or the moment.

오후 세 시**에** 한국어를 배워요.

일요일**에** 쇼핑을 가요.

주말**에** 친구를 만나요.

1. '에' 를 이용해서 문장을 써보세요.

보기 ________ 한국어를 배워요. (요일)

→ <u>금요일에</u> 한국어를 배워요.

새단어 _New Words	
볼링	bowling

(1) ______________ 운동을 해요. (요일)

(2) ______________ 친구를 만나요. (날짜)

(3) ______________ 영화를 봐요. (시간)

(4) ______________ 쇼핑을 해요. (요일, 시간)

2. 다음 그림을 보고 대화를 완성하세요.

(1) 가: ______________ 뭐 해요? (토요일)

나: 운동해요.

(2) 가: ______________ 뭐 해요? (이번 주)

나: 볼링을 해요.

(3) 가: 몇 시에 만나요?

나: ______________ 만나요.

(4) 가: 두 시에 수업을 해요?

나: 아니요, __________ 수업을 해요.

● 무슨 + N (what/what kind of)

'무슨' 은 무엇인지 모르는 일이나 대상, 물건 따위를 물을 때 쓰는 말이다.

'무슨' has the meaning of 'what', 'what kind of', 'what sort of'. It appears before a noun and makes a phrase like 'what kind of food', 'what kind of music', 'what kind of major', etc.

무슨 음식을 좋아해요?

무슨 음악을 좋아해요?

무슨 공부를 해요?

1. '무슨' 을 이용해서 문장을 써보세요.

(1) ________ 운동을 좋아해요? (2) ________ 과일을 좋아해요?

(3) ________ 음악을 좋아해요? (4) ________ 일을 해요?

2. '무슨' 을 이용해서 대화문을 써 보세요.

(1) 가: ________________________________ 해요?

나: 한국어 공부를 해요.

(2) 가: ________________________________ 좋아해요?

나: 바나나를 좋아해요.

(3) 가: ________________________________ 들어요?

나: 한국 음악을 들어요.

(4) 가: ________________________________?

나: 야구를 좋아해요.

활동 Task

Talk

1 다음 달력을 보고 말해 보세요.

예 오늘은 월요일이에요.

1. 가: 오늘은 며칠이에요?

   나: ____ 월 ____ 일이에요.

2. 가: 내일은 무슨 요일이에요?

   나: ____________이에요.

3. 가: 친구 생일은 언제예요? / 몇 월 며칠이에요?

   나: ____________이에요.

새단어 _New Words

달력	calender
날짜	a date
생일	birthday

2 그림을 보고 이야기 하세요.

1. 

김지선

2. 

호나우두

3. 

이소영

4. 

베라

5. 

나츠코

6. 

민민

보기 가: 지선 씨는 뭐 해요?

나: 음악을 들어요.

Write

- 그림에 대해 쓰세요.

1. 지선 씨는 음악을 들어요.
2.
3.
4.
5.
6.

Listen

1 다음 내용을 듣고 빈 칸에 쓰세요. Track 14

데이비드	내일 시간 있어요?
베라	내일이 며칠이에요?
데이비드	_____ 월 _____ 일이에요.
베라	네, 시간 있어요. 왜요?
데이비드	내일 제 생일이에요. 같이 점심 먹어요.
베라	좋아요, 몇 시에 만나요?
데이비드	오전 _____ 시에 만나요.
베라	오전은 안 돼요.
데이비드	그럼 오후 _____ 시에 만나요.

2 다음 내용을 듣고 맞으면 ○, 틀리면 × 하세요. Track 15

1. 베라는 내일 오후에 시간이 있어요. (　　　)
2. 내일은 10월 15일이에요. (　　　)
3. 베라 생일은 내일이에요. (　　　)
4. 두 사람은 내일 오전에 만나요. (　　　)
5. 두 사람은 내일 점심을 먹어요. (　　　)

새단어 _New Words

그럼	then; well (then)	여자 친구	girl friend	일어나다	to get up, to wake up
농구(를 하다)	basketball (to play basketball)	두 사람	two people	오전	a.m.
		청소(를 하다)	cleaning(to clean)	아침 - 점심 - 저녁 시간	morning-lunch time-evening

3 들은 후에, 순서에 맞게 번호를 쓰세요. Track 16

1. 

( )

2. 

( )

3. 

( )

4. 

( )

Talk

- 일주일의 계획에 대해서 이야기하세요.

	월	화	수	목	금	토	일
오전	fighting					운동	
오후		열공	영화				화이팅!

호나우두 베라 씨는 토요일에 뭐 해요?

베라 저는 학교에 가요.

호나우두 씨는 뭐 해요?

호나우두 저는 오전에 운동을 해요.

Read

- 읽고 쓰세요.

보기

나는 오전 6시 30분에 일어나요.
오전 7시에 아침을 먹어요.
오전 8시 50분에 학교에 가요. 한국어를 공부해요.
오후 1시에 점심을 먹어요.
오후 3시에 인터넷을 해요.
오후 7시에 저녁을 먹어요.
오후 10시에 자요.

새단어 _New Words	
인터넷	internet

① 일어나요	② (　　　)	③ 학교에 가요	④ (　　　)
⑤ (　　　)	⑥ 인터넷을 해요	⑦ (　　　)	⑧ (　　　)

Write

- 하루 일과를 쓰고 말하세요.

문화 Cultural Notes

한국의 숫자

Numbers in Korean

There are two different numbering systems in counting. They are native Korean numbers and Sino-Korean numbers. Native Korean numbers are generally used in informal speech and are used mostly for counting things, events or persons. Sino-Korean numbers are used in formal speech and are used for counting money, telling date or minute, etc.

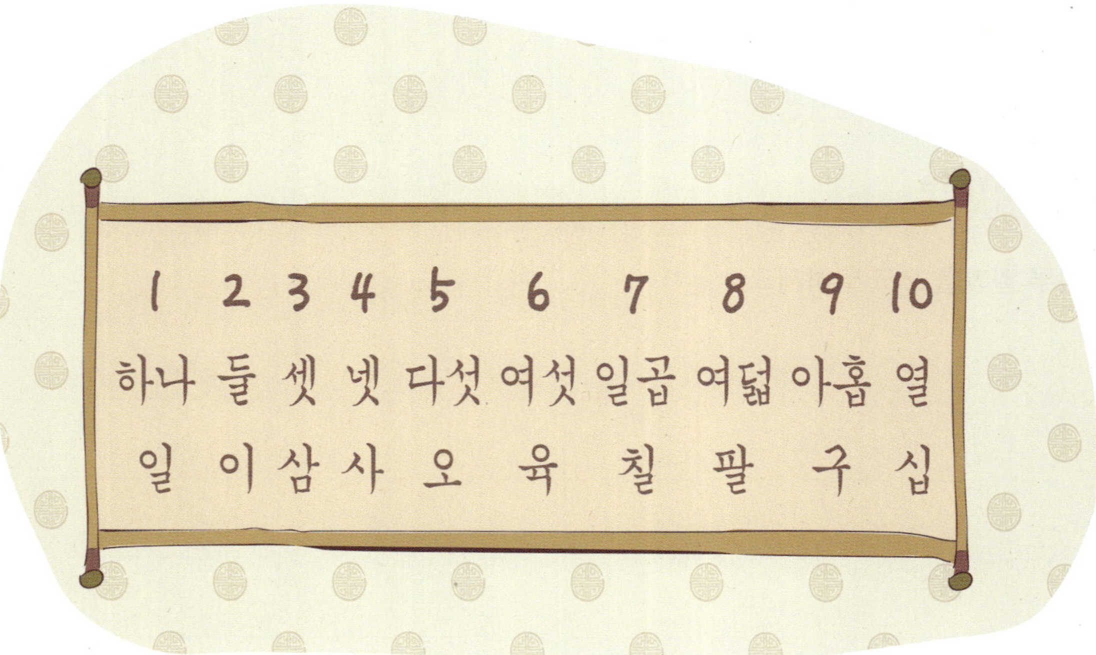

Goals

LESSON 03

교통

Transportation

학습목표 | Objectives

위치와 장소를 설명하기
교통수단을 이용하여 이동하는 표현하기
Explaining about a location and a place by using various transportation

문법 | Grammar

N + 에 II (place, location, 'at, in')
N + 하고 I (and)
N + (으)로 (transportation 'by' / direction 'to')
V + (으)세요 (polite imperative ending)

활동 | Task

지도 보고 설명하기
지하철 이용하기
집 구조 묘사하기
Tasks by using various kinds of maps

물건 위치 설명하기
Describing about stuffs

Yuki and Vera are talking about the room

Listen Track 17

유키	방에 뭐가 있어요?	What kind of things are in a room?
베라	책상이 있어요. 그리고 침대가 있어요.	There is a desk and a bed.
유키	책상 위에 뭐가 있어요?	What is on the desk?
베라	연필하고 공책이 있어요.	There is a pencil and a notebook.

새단어 _New Words

방	room	침대	bed
있다	to be located, to be there, to stay	위	on, above
그리고	and	공책	notebook

건물 위치 설명하기 1
Asking locations 1

David is looking for the library

Listen Track 18

데이비드	도서관이 어디에 있어요?	Where is the library?
소영	우체국 옆에 있어요.	It is next to the post office.
데이비드	우체국은 어디에 있어요?	Where is the post office?
소영	이 건물 뒤에 있어요.	It is behind this building.

새단어 _New Words

도서관	library	옆	next to
어디	where, location of the place	건물	building
우체국	post office	뒤	behind
-이/가 어디에 있어요?	Where is/are _____?	이/그/저	this/that/that over there

건물 위치 설명하기 2

Asking locations 2

Honawood is looking for the bank

Listen

Track 19

호나우두	근처에 은행이 있어요?	Is there a bank near here?
지선	네, 있어요.	Yes. There is.
호나우두	여기서 어떻게 가요?	How can I get there from here?
지선	오른쪽으로 20미터쯤 가세요.	Go 20 meters to the right side.
호나우두	얼마나 걸려요?	How long does it take?
지선	10분쯤 걸려요.	It takes around 10 minutes.

새단어 _New Words

근처	neighboring, near around	얼마나	how long
은행	bank	걸리다	to take time
여기서	here ('여기에서' 의 준말)	쯤	about, around
오른쪽	the right side	미터	meter
얼마나 걸려요?	How long does it take?		

지하철 타기
Going Myeong-dong

Lingling asks how to get to Myeong-dong

Listen Track 20

링링	명동에 어떻게 가요?	How can I get to Myeong-dong?
수미	지하철로 가요. 4호선을 타세요. 그리고 명동역에 내리세요.	Get on subway line number 4 and then get off at Myeong-dong station.
링링	얼마나 걸려요?	How long does it take ?
수미	15분쯤 걸려요.	It takes around 15 minutes.

새단어 _New Words

지하철	subway	역	station
4호선	line number 4	내리다	to get off
타다	to get on		

발음 Pronunciation

받침 'ㄱ' 뒤에 자음 'ㄱ,ㄷ,ㅂ,ㅅ,ㅈ'가 오면 뒷소리가 된소리 [ㄲ,ㄸ,ㅃ,ㅆ,ㅉ]로 발음한다.
When two voiceless sounds meet, the second of them is tensified. After 'ㄱ,ㄷ,ㅂ,ㅅ,ㅈ', consonants 'ㄱ,ㄷ,ㅂ,ㅅ,ㅈ' are tensified and changed as the sound of [ㄲ,ㄸ,ㅃ,ㅆ,ㅉ].

책상[책쌍]

- 다음을 읽어보세요.

학교 식당 학비 학생 독자 박수

어휘 Vocabulary

방향과 위치 (Direction and Location)

위	up
아래	down
앞	front
뒤	back
안	inside
밖	outside
옆	beside
사이	between
오른쪽	right side
왼쪽	left side

교통수단 (Transportation)

버스	bus
택시	taxi
기차	train
배	boat
자전거	bicycle
비행기	airplane
자동차	car
지하철	subway
오토바이	motorbike
★ 걸어서	on foot

장소 (Place)

학교	school	빵집	bakery
대학교	university	식당	restaurant
기숙사	dormitory	극장	movie theater
회사	company	병원	hospital
은행	bank	우체국	postoffice
서점	bookstore	화장실	rest room
미용실	hair saloon		

문법 Grammar Focus

● N + 에 II (place, location 'at, in')

명사에 붙어 사람이나 사물이 존재하거나 위치하는 곳을 나타낸다.

'–에 있어요' (There is) is a typical expression for indicating the place or a location. In order to indicate the location of an object, the locative particle '에' and the existential verb '있어요' are used simultaneously.

가: 지금 어디에 있어요?	나: 학교에 있어요.
가: 은행이 어디에 있어요?	나: 식당 옆에 있어요.
가: 베라 씨는 어디에 있어요?	나: 교실에 있어요.

1. 다음 문장을 완성하세요.

(1) 저는 학교____ 있어요.

(2) 유키 씨는 ______________________________. (도서관)

(3) 링링 씨는 ______________________________. (은행)

(4) 호나우두 씨는 ___________________________. (교실)

(5) 제인 씨는 ______________________________. (미국)

새단어 _New Words

교실 classroom

2. 다음 그림을 보고 대화문을 만들어 보세요.

(1) 가: 지선 씨는 어디에 있어요?

나: ________________________.

(2) 가: 도서관이 어디에 있어요?

나: ________________________.

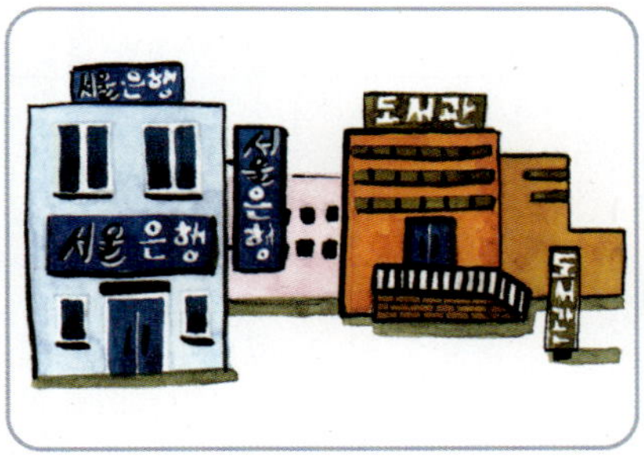

(3) 가: 베라 씨는 어디에 있어요?

나: ______________________.

(4) 가: 호나우두 씨는 어디에 있어요?

나: ______________________.

● N + 하고 I (and)

명사와 명사를 연결할 때 '하고'를 쓰는데, '와/과'와 바꿔쓸 수 있다.

The conjunctive particles serve to link or conjoin two words in a sentence as coordinators. When connecting between nouns, '하고' is used. Both of these particles(와/과) are interchangeable with 하고.

저는 김치하고 불고기를 좋아해요.

호나우두는 야구하고 축구를 좋아해요

1. '하고' 를 넣어 문장을 완성하세요.

(1) 저는 ______________________ 좋아해요. (잡채 + 김치)

(2) ______________________ 그려요. (비행기 + 자동차)

(3) 책상 위에 ______________________ 있어요. (책 + 연필)

(4) ______________________ 먹어요. (빵 + 샐러드)

(5) ______________________ 사요. (연필 + 지우개)

2. 다음 그림을 보고 대화를 완성하세요.

(1) 가: 링링 씨는 무슨 음식을 좋아해요?

나: 저는 ________ 좋아해요.

(2) 가: 호나우두는 무슨 운동을 좋아해요?

나: 저는 ________ 좋아해요.

(3) 가: 방에 무엇이 있어요?

나: ________ 있어요.

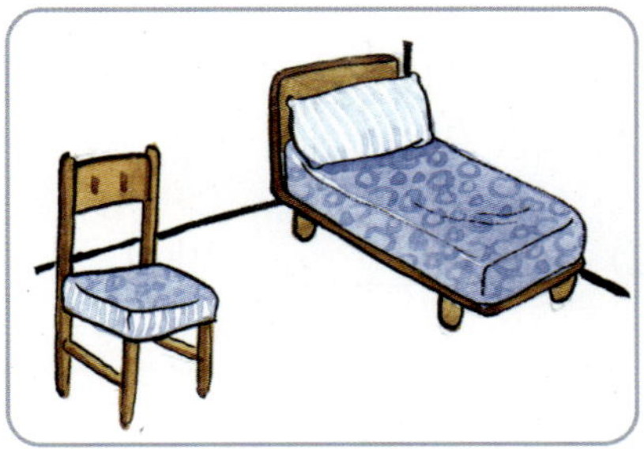

(4) 가: 베라 씨는 아침에 무슨 음식을 먹어요?

나: ________ 먹어요.

(5) 가: 무슨 음악을 좋아해요?

나: ________ 좋아해요.

새단어 _New Words

김치	Kimchi, a spicy pickled vegetables seasoned with garlic, red pepper, ginger
축구	soccer; football
잡채	a mixed dish of vegetables and sliced meat
빵	bread
샐러드	salad
지우개	eraser
비빔밥	boiled rice with assorted mixtures
사다	to buy
그리다	to draw
의자	chair
클래식	classical music
재즈	Jazz

● N + (으)로 (transportation 'by' / direction 'to')

명사에 붙여 이동의 방향을 나타낼 때 사용한다. 또는 명사에 붙여 도구나 수단을 나타낼 때 사용한다. 명사가 자음으로 끝나면 '으로'를 붙인다. 명사가 모음으로 끝나거나 'ㄹ'로 끝나면 '로'를 붙인다.

The particle '(으)로' is used in order to indicate the direction of movement and also used to indicate an instrument by means of which an action is performed. It also indicates the tools of usage. The particle '으로' is used after a noun ending in a consonant and '로' is used after a noun ending in a vowel.

방향+(으)로

앞으로 가요. 왼쪽으로 가요. 학교로 가요. 지하철역으로 가요.

교통수단+(으)로

자동차로 가요. 비행기로 가요. 배로 가요. 지하철로 학교에 가요.

1. 다음 그림을 보고 '(으)로'를 이용해서 문장을 써보세요.

(1) 앞________ 가요.

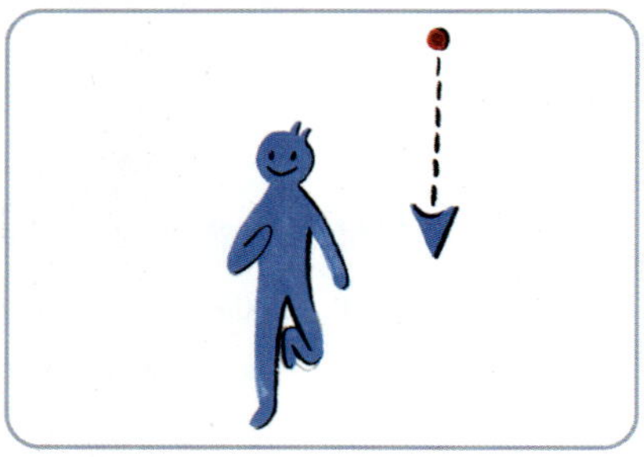

(2) 왼쪽________ 가요.

(3) 뒤________ 가요.

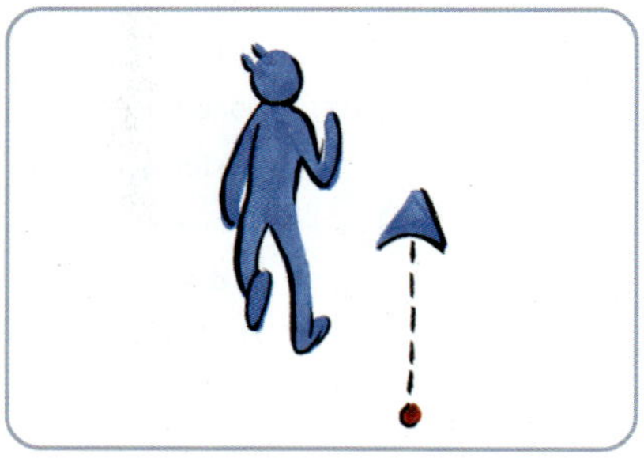

(4) 옆________________.

2. 다음 그림을 보고 대화문을 완성하세요.

(1) 가: 학교에 어떻게 가요?

나: ____________ 가요.

(2) 가: 백화점에 어떻게 가요?

나: ____________ 가요.

(3) 가: 일본에 어떻게 가요?

나: ____________ 가요.

(4) 가: 회사에 어떻게 가요?

나: ____________ 가요.

새단어 _New Words

걷다(걸어서)	to walk (on foot)
백화점	department

● V + (으)세요 (polite imperative ending)

문장의 주어를 높이면서 동사에 붙어 상대방에게 어떤 행동을 할 것을 명령하거나 요청할 때 사용한다. 동사 어간이 자음으로 끝나면 '-으세요'를 사용한다. 동사 어간이 모음으로 끝나거나 'ㄹ'로 끝나면 '-세요'를 사용한다.

'-(으)세요' is a honorific ending pertaining polite expression. It is used for request or command for doing an action. '-(으)세요' is an honorific form of '-어요/아요'. When the verb stem ends in a consonant, '-으세요' is attached while verb stem ends in a vowel or consonant 'ㄹ', '-세요' is attached.

어서 오세요. 편지를 받으세요.

1. '-(으)세요' 를 이용해서 문장을 바꿔 쓰세요.

(1) 학교에 오다 → ______________________

(2) 책을 읽다 → ______________________

(3) 도서관에 가다 → ______________________

(4) 차를 타다 → ______________________

(5) 길을 건너다 → ______________________

새단어 _New Words

길	road
건너다	to across
편지	letter

2. 다음 대화문을 완성하세요.

(1) 가: 링링 씨, ______________________. (주스, 마시다)

나: 고맙습니다.

(2) 가: ______________________. (문, 닫다)

나: 네, 알겠습니다.

(3) 가: 호나우두 씨는 지금 어디에 ______________? (살다)

나: 기숙사에 살아요.

(4) 가: 선생님은 지금 뭐 하세요?

나: 지금 ______________________. (태권도를 하다)

활동 Task

Talk

• 다음 그림에 대해 말해 보세요.

보기 가: 책이 어디에 있어요?

나: 책상 위에 있어요.

새단어 _New Words

옷	clothes	창문	window
위치	position	고양이	cat
옷장	clothes chest	책상 서랍	desk drawer
나무	tree	가구	furniture

Write

• 알맞은 어휘를 〈보기〉에서 찾아 쓰세요.

보기	위	아래	오른쪽	왼쪽	안	밖

1. 가: 책상이 어디에 있어요?

   나: 옷장 ____________ 에 있어요.

2. 가: 나무가 어디에 있어요?

   나: 창문 ____________ 에 있어요.

3. 가: 고양이가 어디에 있어요?

   나: 책상 ____________ 에 있어요.

4. 가: 연필하고 지우개가 어디에 있어요?

   나: 책상 서랍 ____________ 에 있어요.

Talk

• 방 안에 있는 가구들을 그린 후, 설명을 하세요.

Listen

1 내용을 듣고 알맞은 답을 찾으세요. Track 21

1. 가방이 어디에 있어요?

①  ②  ③  ④ 

2. 호나우두가 어디에 있어요?

①  ②  ③  ④ 

3. 고양이가 어디에 있어요?

①  ②  ③  ④ 

2 내용을 듣고 알맞은 그림을 그리세요. Track 22

화장실	부엌

새단어 _New Words

욕조	bathtub
비누	soap
수건	towel
변기	toilet
냉장고	refrigerator
컵	cup

Talk

- 다음 지도를 보고 설명하세요.

새단어 _New Words

지도	map	슈퍼마켓	supermarket	육교	overhead bridge, overpass
병원	hospital	약국	pharmacy		
영화관	movie theater	은행	bank	사거리	crossroads, intersection
횡단보도	cross walk	지하철역	subway station		

보기

저는 지금 지하철 역에 있어요. 은행에 가요.

가: 이 근처에 은행이 있어요?

나: 네, 있어요.

가: 여기서 어떻게 가요?

나: 오른쪽으로 가세요. 사거리에서 왼쪽으로 가세요.

횡단보도를 건너세요. 그럼 앞에 은행이 있어요.

1. 도서관 → 학교
2. 학교 → 영화관
3. 병원 → 학교

Talk

- 다음 표를 보고 〈보기〉와 같게 말해보세요.

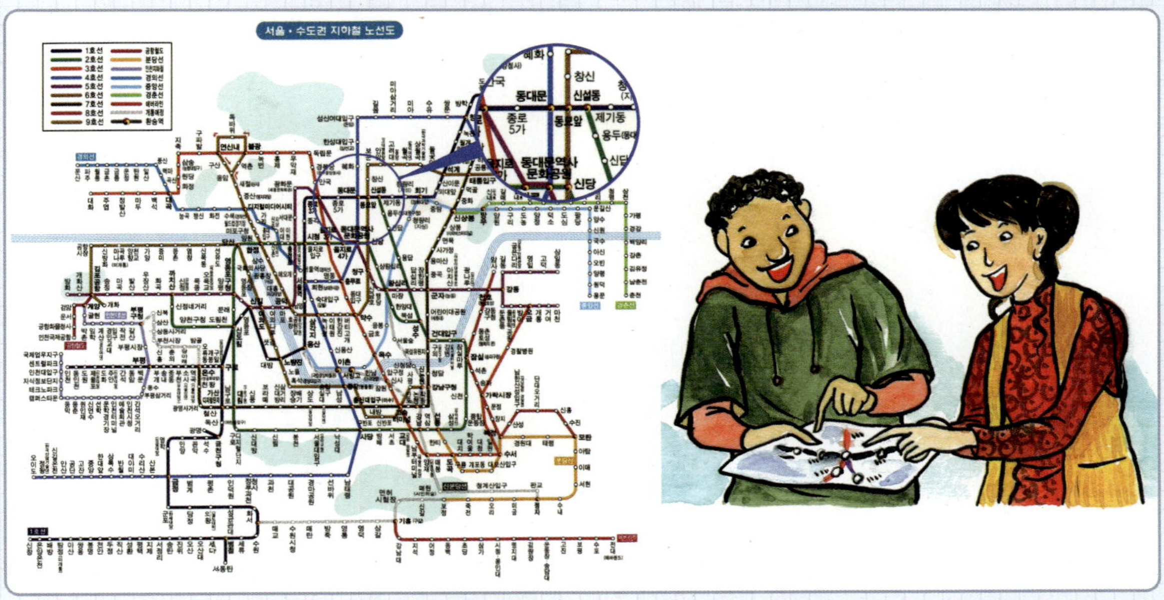

보기

가: 여기에서 동대문까지 어떻게 가요?

나: 지하철 4호선을 타세요. 그리고 동대문역에 내리세요.

가: 동대문역까지 얼마나 걸려요?

나: 10분쯤 걸려요.

	교통	시간	도착지	환승역(갈아타는 역)
서울랜드	지하철 4호선	20분	대공원역	×
남대문	지하철 4호선	10분	회현역	×
이태원	지하철 6호선	15분	이태원역	×
강남 고속버스 터미널	지하철 6호선 지하철 3호선	30분	고속터미널역	약수역

* 갈아타다 (transfer) : 충무로 역에서 3호선으로 갈아타다.

새단어 _New Words

교통	traffic
도착지	destination
환승역	transfer station
갈아타다	to transfer
노래방	singing room, karaoke
수영장	swimming pool
백화점	department store

Listen

• 내용을 듣고 알맞은 답을 연결하세요. Track 23

1. 베라 •	• 노래방 •	• 버스
2. 지선 •	• 수영장 •	• 친구 차
	• 미용실 •	• 자전거
3. 링링 •	• 백화점 •	• 걸어서
	• 우체국 •	• 지하철

Read

- 읽고 말하세요.

우리 집은 학교 근처에 있어요. 정문에서 아래로 쭉 가요.
그럼 왼쪽에 빵집이 있어요. 빵집 앞에 횡단보도가 있어요.
횡단보도를 건너세요. 슈퍼마켓이 있어요.
슈퍼마켓 옆에 우리 집이 있어요.

새단어 _New Words	
정문	front gate
빵집	bakery

Write

- 여러분 집에 어떻게 가요? 써 보세요.

문화 Cultural Notes

아름다운 서울
Wonderful Seoul

Seoul, the capital of Korea, is the political, financial, diplomatic, commercial, educational and cultural center of Korea. The city abounds with numerous public offices and places of interest, old and new. There exist national assembly buildings, Seoul city hall, royal places such as Gyeongbok palace, Deoksu palace, and Changdeok palace, etc. There also exist Hanok village which pertains traditional style of Korean house which has more than 1000 years of history. It's good to see the harmony of traditional structures and modern buildings.

• 사진 제공: 아이투어서울 www.itourseoul.co.kr

Goals

LESSON 04

취미와 여가 생활

Hobbies and Spare times

학습목표 | Objectives

취미 설명

가능과 불가능을 표현

Talking about hobbies and spare times

Talking about a possible and an impossible thing

문법 | Grammar

V+(으)ㄹ 줄 알다/모르다 (knows how to do; knows the way to do)

N+에서 (palce, location 'at, in')

N+하고 II (with)

N+와/과 (and, with)

활동 | Task

취미에 대해 발표하기

Having presentation about various hobbies

취미 말하기
Talking about hobbies

David and Lingling are asking their hobbies

Listen

Track 24

링링	데이비드 씨는 취미가 뭐예요?	David, what is your hobby?
데이비드	제 취미는 음악 감상이에요.	My hobby is listening to music.
링링	그래요? 무슨 음악을 좋아하세요?	It is? What kind of music do you like?
데이비드	저는 재즈를 좋아해요. 그래서 친구하고 재즈 콘서트에 자주 가요. 링링 씨는 무슨 음악을 좋아해요?	I like jazz so I go to jazz concerts very often with my friend. Ling-ling, what kind of music do you like?
링링	저는 클래식을 좋아해요.	I like classical music.

새단어 _New Words

음악 감상	listening to music	자주	frequently, often
그래서	so	취미가 뭐예요?	What's your hobby?
콘서트	concert	무슨 음악을 좋아하세요?	What kind of music do you like?

여가 활동 말하기
Asking how to spend spare times

Vera and Yuri are talking how to spend their spare times

Listen Track 25

유리	베라 씨는 겨울에 무슨 운동을 하세요?	Miss. Vera, what do you do for exercise in the winter?
베라	저는 스노보드를 타요.	I snowboard.
유리	그래요? 스노보드가 재미있어요?	Really? Is it fun?
베라	그럼요. 정말 재미있어요. 같이 타요.	Yes. It's fun. Let's snowboard together.
유리	미안해요. 저는 탈 줄 몰라요.	I'm sorry. I can't snowboard.

새단어 _New Words

겨울 winter 스노보드 snowboard 그럼요 of course

여행 이야기하기
Traveling

Vera and Minho are talking about traveling in Korea

Listen Track 26

베라	민호 씨, 주말에 뭐 하세요?	Minho, what do you do during the weekend?
민호	여행을 많이 해요.	I travel a lot.
베라	이번 주에도 어디 가세요?	Do you go somewhere during the week, too?
민호	강원도에 갑니다.	I go to Gangwondo.
베라	강원도는 뭐가 유명해요?	What is Gangwondo famous for?
민호	단풍과 바다가 유명해요.	It is famous for autumn leaves and the sea.

새단어 _New Words

여행(을 하다)	travel(to travel)	유명하다	to be famous
많이	mostly, chiefly	단풍	a maple, autumn leaves
강원도	Gangwon Province	바다	sea, ocean

N을/를 치다/하다/타다

테니스	-을/를 치다	to play tennis
탁구		to play table tennis
볼링		to go bowling
배드민턴		to play badminton
골프		to play golf

농구	-을/를 하다	to play basketball
야구		to play baseball
축구		to play football
배구		to play volleyball

스키	-을/를 타다	to go sking
자전거		to ride a bicycle
스케이트		to skate
스노보드		to snowboard

발음 Pronunciation

'ㅎ' 받침 뒤에 모음이 연결되면 'ㅎ'은 발음이 되지 않는다.
Final consonant 'ㅎ' is not pronounced when connecting syllable starts with a vowel.

좋아요[조아요]　　좋아해요[조아해요]　　좋아하세요[조아하세요]

- 다음을 읽어보세요.

낳은　　쌓이다　　넣어　　많이　　싫어도

어휘 Vocabulary

운동 (Exercise)

테니스	tennis
탁구	table tennis
볼링	bowling
배드민턴	badminton
골프	golf
농구	basketball
야구	baseball
축구	football
배구	volleyball
스키	ski
자전거	bicycle
스케이트	skate
스노보드	snowboard

취미 (Hobby)

독서	reading books
노래	song
요리	cooking
쇼핑	shopping
춤	dance
운동	exercise
음악 감상	listening to music
영화 감상	watching movie

문법 Grammar Focus

● V+(으)ㄹ 줄 알다/모르다 (know how to do; know the way to do)

능력을 표현할 때 사용한다.
'-(으)ㄹ' is a modifier expressing an action or state which has not yet been realized.

'줄' (the likelihood, probability). This post modifier typically appears with verbs of knowing like 알다 and 모르다. '-(으)ㄹ 줄 알다/모르다' These typical expression is frequently used when expressing one's ability.

가다	갈 + 줄 + 알다	갈 줄 알다
읽다	읽을 + 줄 + 알다	읽을 줄 알다
타다	탈 + 줄 + 모르다	탈 줄 모르다
먹다	먹을 + 줄 + 모르다	먹을 줄 모르다

스키를 탈 줄 알아요.

한글을 읽을 줄 알아요.

배구를 할 줄 몰라요.

1. '-(으)ㄹ 줄 알다/모르다' 를 이용해서 문장을 완성하세요.

(1) 저는 축구를 ______________________. (하다)

(2) 저는 잡채를 ______________________. (만들다)

(3) 베라 씨는 영어를 ______________________. (말하다)

(4) 지선 씨는 스키를 ______________________. (타다)

2. 다음 대화문을 완성하세요.

(1) 가: 배드민턴을 칠 줄 알아요?

나: 네, ______________________

(2) 가: 요리를 할 줄 알아요?

나: 아니요, ______________________

(3) 가: 축구를 할 줄 알아요?

나: 네, ______________________

(4) 가: 스키를 탈 줄 알아요?

나: 아니요, ______________________

(5) 가: 골프를 칠 줄 알아요?

나: 네, ______________________

● N + 에서 (place, location 'at, in')

동작이 이루어지는 장소를 나타낸다.

'에서' is a locative particle indicating the location of activity. This refers to a location which dynamic activity occurs in that place.

학교에서 공부해요.	커피숍에서 친구를 만나요.
교실에서 한국어를 공부해요.	스키장에서 스키를 타요.

1. 다음 그림과 단어를 연결하여 문장을 완성하세요.

(1)  • • 밥을 먹어요. → ____________________

(2) 

• • 쇼핑을 해요. → ____________________

(3)  • • 책을 사요. → ____________________

(4)  • • 비행기를 타요. → ____________________

(5)  • • 친구를 기다려요. → ____________________

2. 다음 <보기>에서 단어를 골라 대화문을 완성하세요.

보기 시장 병원 우체국 운동장 약국 도서관 공원 학원 학교 주차장

(1) 가: 어디에서 운동하세요?

나: ______________________ 운동해요.

(2) 가: 어디에서 옷을 사세요?

나: ______________________.

(3) 가: 어디에서 피아노를 배우세요?

나: ______________________.

(4) 가: 어디에서 산책을 하세요?

나: ______________________.

(5) 가: 오늘 어디에서 무엇을 해요?

나: ______________________.

새단어 _New Words

커피숍	coffee shop	공원	park	주차장	parking lot
우체국	post office	학원	(educational) institute, an academy	피아노	piano
운동장	play ground				
약국	drugstore, pharmacy				

● N + 하고 II (with)

동작을 함께 하는 경우에 '하고'를 쓴다.

When connecting action verbs, '하고' is used. Both of these particles(와/과) are interchangeable with '하고'.

저는 데이비드하고 극장에 가요.

베라는 선생님하고 도서관에 가요.

1. '하고' 를 써서 문장을 완성하세요.

(1) 베라는 ______________________ 쇼핑을 해요.

(2) 링링은 ______________________ 영화를 봐요.

(3) 지선은 ______________________ 요리를 해요.

(4) 호나우두는 __________________ 스키를 타요.

(5) 민수는 ______________________ 국수를 먹어요.

2. 다음 대화를 완성하세요.

(1) 가: 민수 씨는 지금 뭐 해요?

나: ____________________________ 같이 쇼핑을 해요.

(2) 가: 호나우두 씨는 오늘밤에 누구하고 요리를 해요?

나: ____________________________ 요리를 해요.

(3) 가: 유키 씨는 누구하고 소풍을 가요?

나: ____.

(4) 가: 소영 씨는 누구하고 이야기를 해요?

나: ____.

새단어 _New Words

국수	noodles
소풍(을 가다)	picnic (to go on)

● N + 와/과 (and, with)

'와/과'와 '하고'는 기능이 같다. '와/과'는 주로 문어에 사용하고 '하고'는 구어에 사용한다. '와'는 앞 말이 모음으로 끝날 때 사용한다. '과'는 앞 말이 자음으로 끝날 때 사용한다.

'와/과' and '하고' are connective particles which share the similar function and meaning. These are connecting markers between nouns. But there exist stylistic differences. '와/과' usually appears at written style while '하고' appears at oral style. Word ends with a vowel, '와' is used while ends with a consonant, '과' is used.

저는 김치**와** 불고기를 좋아해요.　　저는 선생님**과** 극장에 가요.

1. '와/과' 를 써서 문장을 완성하세요.

(1) 호나우두는 책_____ 공책을 사요.

(2) 교실에는 칠판_____ 책상이 있어요.

(3) 베라는 링링_____ 쇼핑을 해요.

(4) 링링은 데이비드_____ 영화를 봐요.

(5) 사과_____ 딸기를 좋아해요.

(6) 스키_____ 스케이트를 탈 줄 알아요.

(7) 한국어_____ 중국어를 할 줄 알아요.

2. 대화문을 완성하세요.

(1) 가: 링링은 무엇을 사요?

나: ______________________________ 사요. (가방 + 신발)

(2) 가: 지선 씨는 무슨 음식을 좋아해요?

나: 저는 ____________________ 좋아해요. (잡채 + 불고기)

(3) 가: 호나우두 씨는 무슨 운동을 잘 해요?

나: ___________________________________. (농구 + 축구)

(4) 가: 유키 씨 방에 무엇이 있어요?

나: ___________________________________. (책상 + 침대)

새단어 _New Words

칠판	blackboard, chalk-board
딸기	strawberry
신발	shoes

활동 Task

Talk

1 친구와 이야기하고 표를 완성하세요.

보기

데이비드 베라 씨는 취미가 뭐예요?
베라 사진 찍기예요.
데이비드 주로 어디에서 사진을 찍으세요?
베라 산과 바다에서 사진을 찍어요.

새단어 _New Words

사진	photo
찍다	to take a picture

이름	베라		
취미	사진 찍기		
어디에서	산과 바다		

2 친구의 취미에 대해 말해 보세요.

Listen

- 내용을 듣고 맞는 답에 ✔ 표시하세요. Track 27

1. 베라는 주로 테니스를 쳐요. ( )
2. 데이비드는 테니스를 칠 줄 알아요. ( )
3. 두 사람은 주말에 같이 운동해요. ( )
4. 베라는 배드민턴을 칠 줄 몰라요. ( )
5. 두 사람은 지금 운동장에서 배드민턴을 쳐요. ( )

새단어 _New Words

운전(을 하다)	driving(to drive)
중국어를 하다	to speak Chinese
피아노를 치다	to play the piano

Talk

- 다음 표를 이용하여 친구와 이야기해 보세요.

보기
가: 하나 씨, 운전을 할 줄 알아요?
나: 네, 할 줄 알아요.

취미 \ 이름	오하나			
운전을 하다	○			
자전거를 타다				
스케이트를 타다				
중국말을 하다				
피아노를 치다				
테니스를 치다				

1. 누가 운전을 할 줄 알아요?

2. 누가 자전거를 탈 줄 알아요?

3. 누가 피아노를 칠 줄 몰라요?

4. 누가 무엇을 할 줄 알아요?

Read

• 다음을 읽고 답하세요.

호나우두 친구 이름은 링링, 지선, 베라 그리고 민호예요.
친구들 취미가 모두 달라요.
링링은 취미가 음악 감상입니다. 팝송과 클래식을 좋아해요.
그래서 콘서트에 자주 가요.
지선은 스키를 탈 줄 알아요. 그래서 겨울 방학에 자주 스키장에 가요.
베라와 같이 스키장에서 스키를 타요.
민호는 여행을 좋아해요. 주로 강원도에 가요. 강원도에는 산과 바다가 있어요.
베라는 취미가 사진 찍기입니다. 새와 꽃 사진을 찍어요.
호나우두는 운동을 좋아해요. 그래서 축구 경기와 농구 경기를 자주 봐요.

1. 호나우두의 친구는 몇 명입니까?

새단어 _New Words

모두	all, everything
다르다	to be different
겨울 방학	winter vacation
스키장	ski resort
새	bird
꽃	flower
축구 경기	soccer game
농구 경기	basketball game

2. 호나우두와 친구들의 취미는 무엇입니까?

이름	링링	지선	민호	베라	호나우두
취미					

Talk

- 다음 표를 보고 친구와 이야기해 봅시다.

질문 \ 이름	호나우두			
취미가 뭐예요?	등산			
얼마나 자주 해요?	일주일에 한 번			
누구와 같이 해요?	친구와 같이			
어디에서 해요?	산에서			

- 위 표를 보고 써 보세요.

호나우두 씨의 취미는 등산입니다. 그래서 일주일에 한 번 친구와 같이 등산을 해요.

문화 Cultural Notes

한국/일본의 월드컵
Fifa World Cup of Korea/Japan

The 2002 FIFA World Cup Korea/Japan ended its one-month run on June 30, 2002. The national teams of Korea and Japan both played admirably and astounded the world by advancing through to the semi-finals. Korean fans impressed onlookers with their enthusiasm and orderly street cheering. Korean people wore red t-shirts and cheered up national Korean player. Korean got together at square of Seoul city hall and cheered up the players shouting '대한민국 Korea!' all together.

LESSON 05

전화

Calling

Goals

학습목표 | Objectives

전화 표현 이해

Understanding Telephone conversation

문법 | Grammar

V + 아/어/여 주다 (ask a favor)

안 (not)

V + 습니다./습니까? (present, formal, polite ending)

단위 명사 (classified noun)

활동 | Task

음식 주문하기

Ordering food

전화하기 1
Telephone conversation 1

Jiseon gives a call to Honawood

Listen Track 28

지선	여보세요?	Hello.
베라	여보세요, 호나우두 씨 집이죠?	Hello. Is this a Honawood's residence?
지선	네, 그런데요.	Yes, it is.
베라	호나우두 씨 있어요?	May I talk to Mr. Honawood?
지선	네, 있어요.	Yes. He is here.
	실례지만 누구세요?	May I ask who this is?
베라	저는 호나우두 친구예요.	I am his friend.
	호나우두 씨 좀 바꿔 주세요.	May I talk to Mr. Honawood?
지선	잠깐 기다리세요.	Hold on, please.

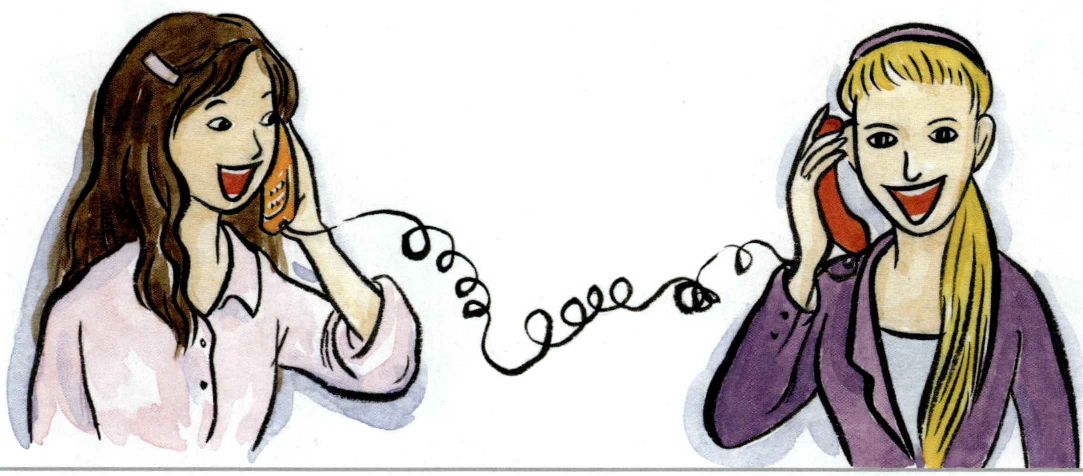

새단어 _New Words

여보세요?	Hello(telephone call).	누구	who
그런데요	Yes, it is.	잠깐	just a moment
실례지만 누구세요?	Excuse me. Who is this?	바꾸다	to change
잠깐 기다리세요.	Wait a moment, please.	기다리다	to wait

전화하기 2
Telephone Conversation 2

David makes a call a language institute

Listen Track 29

직원	여보세요, 언어교육원입니다.	Hello. This is a language institute.
데이비드	여보세요, 이소영 선생님 계세요?	Hello. May I talk to Mrs. Soyeong Lee?
직원	지금 안 계십니다.	She is not here.
데이비드	네, 알겠습니다.	Yes. I see.
	다시 전화 드리겠습니다.	I will give you a call again.

새단어 _New Words

언어교육원	language institute	다시	again
직원	employee, the staff	전화(하다, 드리다)	telephone (to call)
다시 전화 드리겠습니다.	I will give you a call again.	드리다('주다' 의 높임말)	to give (honorific expression of '주다')
알겠습니다.	I see.		
안	not		

휴대전화
Cellular phone Conversation

Jiseon uses the wrong number when calling David

Listen

Track 30

A	여보세요?	Hello.
지선	여보세요?	Hello.
	데이비드 씨 휴대전화입니까?	Is this Mr. David's cellular phone?
A	아니에요. 몇 번에 거셨어요?	No. Which number did you call?
지선	010-9710-1234요.	010-9710-1234.
A	전화 잘못 거셨어요.	You've got the wrong number.
지선	죄송합니다.	I am sorry.

새단어 _New Words

휴대전화	cellular phone	잘못	by mistake, wrongly
아니에요	No	걸다	to call
몇 번	which number	죄송하다	to be sorry

음식 주문하기
Ordering food

Yuki gives a call in order to order Chinese food

Listen

Track 31

중국집 네, 중국집입니다.

유키 자장면 한 그릇하고,
짬뽕 한 그릇 갖다 주세요.

중국집 어디세요?

유키 숙명 기숙사 1동 301호예요.

Yes. This is the Chinese restaurant.

Please, bring me one Chinese noodle dish and one spicy Chinese noodle dish.

Where is it?

Sookmyung Dormitory Building 1 room number 301.

새단어 _New Words

중국집	Chinese restaurant
자장면	Chinese style noodle
한 그릇	one bowl
짬뽕	a Chinese style spicy noodle
갖다 주다	to bring
동	dong (classifier for building)
호	room number

발음 Pronunciation

받침 'ㄱ, ㄷ, ㅂ'의 다음에 'ㄴ, ㅁ'이 오면 [ㅇ, ㄴ, ㅁ]으로 소리가 변한다.
'ㄱ, ㄷ, ㅂ' are pronounced in [ㅇ, ㄴ, ㅁ] before the nasals 'ㄴ, ㅁ'.

숙명[숭명]

• 다음을 읽어보세요.

국물 국민 닫는 걷는 안녕하십니까 먹습니다 없는

어휘 Vocabulary

전화 (calling)

전화를 걸다	to give a call
전화를 받다	to answer
전화를 끊다	to hang up
문자를 보내다	to send message
문자를 받다	to receive message

문법 Grammar Focus

● V + 아/어/여 주다 (ask a favor)

다른 사람에게 어떤 행위를 요구할 때 쓰는 표현이다. '-아/어/여 주세요'의 형태로 쓰여 요청을 나타내는 표현이다. 어른에게는 '-아/어/여 드리다'를 사용한다.

This auxiliary form implies that the action of the verb contains for the benefit of somebody. '주다' can be replaced with '드리다' when interacting with elderly person. This indicates polite usage. This is called honorification by means of lexical expressions.

가다	가요	가 주다	가 주세요
바꾸다	바꿔요	바꿔 주다	바꿔 주세요
읽다	읽어요	읽어 주다	읽어 주세요
전화하다	전화해요	전화해 주다	전화해 주세요

학교에 가 주세요.
책을 읽어 주세요.
내일 전화해 주세요.

1. '-아/어/여 주다' 를 이용해서 〈보기〉와 같이 만들어 보세요.

보기 가다 → 가요 → 가 주세요

(1) 사다 → 사요 → ____________

(2) 만나다 → 만나요 → ____________

(3) 기다리다 → 기다려요 → ____________

(4) 집에 오다 → 집에 와요 → ____________

(5) 방을 청소하다 → 방을 청소해요 → ____________

2. 다음 대화를 완성해 보세요.

(1) 가: 문을 닫아요?
나: 네, ____________. (닫다)

(2) 가: 지금 컴퓨터 하세요?
나: 아니요, ____________. (끄다)

(3) 가: 한국 노래 좋아해요?
나: 네, 좋아해요. ____________. (한국 노래를 가르치다)

(4) 가: 네, 치킨집입니다.
나: 치킨 한 마리 ____________. (배달하다)

(5) 가: 김치찌개 좋아해요?
나: 네, 좋아해요. ____________. (김치찌개 만들다)

새단어 _New Words

끄다	to turn off
노래	song
치킨 집	chicken restaurant
배달하다	to deliver
김치찌개	kimchi stew

● 안 (not)

동사나 형용사 앞에 쓰여 부정을 나타낼 때 사용하는 표현이다.
'안' is used for making a negative sentence. It appears before a verb or an adjective.

가요 → 안 가요
먹어요 → 안 먹어요

'하다' 동사 앞에 쓰일 때는 다음과 같이 명사와 '하다' 사이에 '안'이 놓인다.
'안' appears between a noun and 하다 verb.

청소해요 → 안 청소해요(×) 청소 안 해요 (○)
쇼핑해요 → 안 쇼핑해요(×) 쇼핑 안 해요 (○)

1. 문장을 〈보기〉와 같이 바꾸어 보세요.

보기 와요 → 안 와요

(1) 좋아요 → ______________________

(2) 바빠요 → ______________________

(3) 쉬어요 → ______________________

(4) 운동해요 → ______________________

(5) 등산해요 → ______________________

새단어 _New Words

바쁘다	to be busy
쉬다	to take a rest
등산하다	to climb a mountain, to go mountain
깨끗하다	to be neat, to be clean
웃다	to laugh

2. '안' 을 넣어서 대화를 완성하세요.

(1) 가: 오늘 친구 만나요?

나: 아니요, ______________________________.

(2) 가: 지금 한국어 책을 읽어요?

나: 아니요, ______________________________.

(3) 가: 방이 깨끗해요?

나: 아니요, ______________________________.

(4) 가: 친구가 지금 웃어요?

나: 아니요, ______________________________.

(5) 가: 내일 쇼핑해요?

나: 아니요, ______________________________.

● V + 습니다./습니까? (present, formal, polite ending)

'-어요' 에 비해 좀 더 격식적인 장면에 쓰이며, 듣는 사람이 나보다 높은 사람일 경우에 평서문과 의문문에 각각 사용한다. 동사 어간에 받침이 있으면 '습니다./습니까?'를 사용하고 받침이 없으면 'ㅂ니다./ㅂ니까?'를 사용한다. 'ㄹ' 받침이 있는 동사 어간은 받침이 없는 경우처럼 '-ㅂ니다./-ㅂ니까?'가 연결된다. 이때 'ㄹ' 받침은 탈락한다.

The deferential style is used in formal situation. Korean tend to use the polite-어요/아요 style even in formal settings. Deferential style may be used at first in conversation before changing to polite style. Deferential endings for statements and questions are formed as follows. When verb stem ends in 'ㄹ' consonant, '-ㅂ니다.' or '-ㅂ니까?' is connected.

동사	평서문(Declarative)	의문문(Interrogative)
가다	갑니다.	갑니까?
먹다	먹습니다.	먹습니까?
*살다	*삽니다.	*삽니까?

호나우두는 학교에 **갑니다.** 한 시에 점심을 **먹습니다.** 베라는 한국에 **삽니다.**

몇 시에 학교에 **갑니까?** 점심에 무엇을 **먹습니까?** 어디에 **삽니까?**

1. 다음을 '-습니다./습니까?' 를 넣어서 바꾸세요.

동사	평서문	의문문
오다		
바쁘다		
받다		
읽다		
만들다		

2. 다음 대화를 완성하세요.

(1) 가: 무엇을 합니까?

나: ______________________________. (스케이트를 타다)

(2) 가: 동생이 무엇을 ______________________________?

나: ______________________________. (책을 읽다)

(3) 가: 지금 무엇을 ______________________________?

나: ______________________________. (피아노를 치다)

(4) 가: 몇 시에 ______________________________? (일어나다)

나: ______________________________.

(5) 가: 내일 무엇을 ______________________________?

나: ______________________________.

● 단위 명사(Classified Noun)

단위 명사는 수효나 양의 단위를 나타낼 때 쓴다.

When you count number in Korean, you must use different counters. Nouns are classified into various group depending on different shape or kind.

단위 명사	Classified Noun
개	item
명, 사람	people
마리	animal
시간	hours (duration of time)
시	o'clock (point in time)
권	volume for book
장	sheet
병	bottle
잔	cup, glass
벌	clothes
켤레	shoes, socks
*분	minute
*과	lesson, unit

* Sino-Korean Number와 연결된다.

1. 알맞은 단위 명사를 쓰세요.

(1) 사과 세 ________________

(2) 옷 다섯 ________________

(3) 커피 여섯 ________________

(4) 저는 구두가 세 ____________ 있어요.

(5) 맥주 한 ________________을 마셔요.

2. 다음 그림을 보고 문장을 완성하세요.

(1) 가: 가방에 뭐가 있어요?

나: 책이 한 ________ 있어요.

(2) 가: 책상 위에 뭐가 있어요?

나: 물이 두 ________ 있어요.

(3) 가: 강아지가 몇 ________ 있어요?

나: 강아지가 ________________.

(4) 가: 지금 몇 시예요?

나: ____________________.

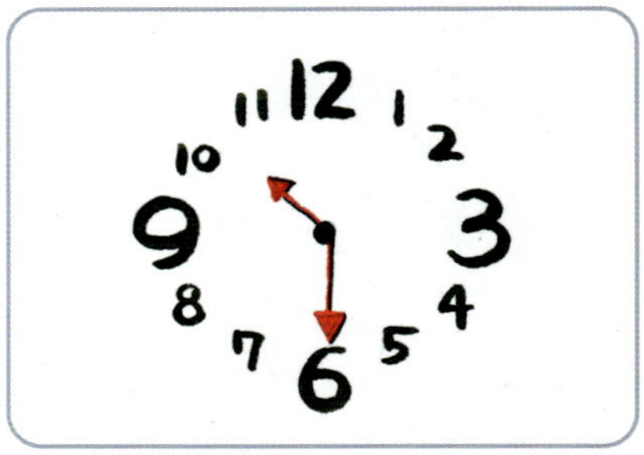

(5) 가: 우리 교실에 학생이 몇 명 있어요?

나: ____________________.

새단어 _New Words

강아지 puppy

활동 Task

Talk

1 전화로 피자 주문을 해 보세요.

보기

상담원: 네, 피자집입니다.

김지선: 피자 배달해 주세요.

상담원: 네, 고객님. 주문을 도와 드리겠습니다.

김지선: 콤비네이션 피자 한 판하고 콜라 한 병 갖다 주세요.

상담원: 네, 어디세요?

김지선: 용산구 청파동 숙명여자대학교 기숙사 411호예요.

상담원: 알겠습니다.

새단어 _New Words

상담원	consultant
고객님	customer
주문	order
도와 드리다	to help
콤비네이션	combination
피자	pizza
판	plate
콜라	coke

2 전화번호가 몇 번입니까? 표를 보고 말해 보세요.

이름	전화 번호
베라	2121-1234
데이비드	010-369-5791
김지선	759-4382
우체국	825-8934
학교	710-9624

가: 베라 씨 전화번호가 몇 번이에요?

나: 이일이일에 일이삼사예요.

Write

- 전화번호가 몇 번입니까? 친구 전화 번호를 듣고 쓰세요.

이름	전화 번호

Listen

1 전화번호를 잘 듣고 알맞게 연결하세요. Track 32

1. 슈퍼마켓 •	• 357-4650
2. 중국집 •	• 863-9096
3. 치킨 집 •	• 546-2578
4. 피자집 •	• 938-7652
5. 우체국 •	• 2653-5898
	• 863-6698

새단어 _New Words

전화번호	telephone number
피자집	Pizza place

2 대화를 잘 듣고 다음 표를 완성하세요. Track 33

데이비드 베라 씨는 집 전화 번호가 몇 번이에요?

베라 2121-1234예요.

이름	전화 번호
베라	2121-1234
호나우두	
민호	
유키	

3 잘 듣고 맞으면 ○, 틀리면 × 하세요. Track 34

1. 유키 씨는 민호 씨 집에 전화합니다. ( )
2. 민호 씨가 전화를 받습니다. ( )
3. 민호 씨 휴대폰 번호는 010-6915-1234입니다. ( )
4. 유키 씨는 전화를 잘못 걸었습니다. ( )

Read

1 다음 내용을 읽고 전화해 보세요.

〈상황〉

나는 유키예요. 데이비드 씨 하숙집에 전화를 합니다.

하숙집 아줌마 여보세요?

유키 여보세요, 데이비드 씨 집이죠?

하숙집 아줌마 네, 그런데요.

유키 데이비드 씨 있어요?

하숙집 아줌마 네, 있어요. 실례지만 누구세요?

유키 저는 데이비드 친구예요. 데이비드 씨 좀 바꿔 주세요.

하숙집 아줌마 잠깐만 기다리세요.

새 단어 _New Words

하숙집	boarding house
아줌마	middle aged woman
사무실	office

1. 〈상황 1〉 나는 베라예요. 호나우두 씨 사무실에 전화를 합니다.

2. 〈상황 2〉 나는 지선이에요. 학교에 전화를 합니다.

3. 〈상황 3〉 나는 링링이에요. 유키 씨 집에 전화를 합니다.

2 다음 내용을 읽어 보고 전화해서 약속해 보세요.

데이비드 여보세요,

링링 여보세요, **데이비드** 씨예요?

데이비드 네, 그런데요. 실례지만 누구세요?

링링 저는 **링링**이에요.

데이비드 아, **링링** 씨예요? 잘 지냈어요?

링링 네. 잘 지냈어요. 데이비드 씨, **내일** 시간 있어요?

데이비드 네, 시간 있어요. 왜요?

링링 **내일 같이 영화 봐요.**

데이비드 좋아요, 몇 시에 만나요.

링링 **오후 세 시**에 **극장 앞**에서 만나요.

새단어 _New Words

약속	promise
산	mountain
출구	exit
입구	entrance
내일	tomorrow
이번 주	this week
모레	the day after tomorrow

	약속 내용	약속 시간	약속 장소
데이비드/링링	영화 보다	내일 오후 세 시	극장 앞
베컴/빅토리아	쇼핑하다	이번주 토요일 다섯 시	명동 역 1번 출구 앞
호나우두/지선	산에 가다	모레 아침 일곱 시	북한산 입구

Write

• 그림을 보고 수와 단위명사를 알맞게 써 보세요.

1. 강아지 ___한___ ___마리___

2. 책 ______ ______

3. 옷 ______ ______

4. 커피 ______ ______

5. 종이 ______ ______

6. 구두 ______ ______

새단어 _New Words	
종이	paper

Talk

- 전화로 음식, 물건을 주문해 보세요.

(따르릉)

중국집	네, **중국집**입니다.
유키	**자장면 한 그릇**하고 **우동 한 그릇** 갖다 주세요.
중국집	댁이 어디세요?
유키	청파빌라 1동 301호예요.
중국집	알겠습니다.

새단어 _New Words

우동	the Japanese style thick noodles
프라이드 치킨	fried chicken
양념치킨	seasoned fried chicken
한 마리	one whole chicken
반 마리	half of chicken
상자	box
통	container
댁	house (honorific word of '집')

예

치킨집

슈퍼마켓

피자집

Read

- 다음을 읽고 답하세요.

베라　여보세요.
링링　여보세요, 베라 씨예요?
베라　네, 그런데요. 실례지만 누구세요?
링링　저는 링링이에요. 내일 저녁에 시간 있어요?
베라　네, 시간 있어요. 왜요?
링링　음악회 표 두 장이 있어요.
같이 음악회에 가요.
베라　좋아요. 음악회는 몇 시에 시작해요?
링링　7시에 시작해요.
베라　그럼 5시에 학교 앞 식당에서 만나요.

새단어 _New Words

음악회	concert
표	ticket
시작하다	to begin

1. 링링 씨는 누구하고 전화합니까?
2. 두 사람은 내일 어디에 갑니까?

   ① 학교　② 수영장　③ 음악회　④ 백화점
3. 두 사람은 내일 어디에서 만납니까?

Talk

1 여러분은 친구하고 언제 만나요? 그리고 무엇을 해요?

이름	언제	무엇을 해요
1. 오하나	내일 오후 3시	볼링을 치다
2.		
3.		
4.		

2 위 표를 보고 문장으로 써 보세요.

보기

오하나 씨는 내일 오후 3시에 친구를 만납니다. 그리고 친구하고 같이 볼링을 칩니다.

문화 Cultural Notes

문화 IT 산업

IT Industry

Technology innovation has been the main factor for the IT industry to grow more rapidly than any other industry in Korea. Along with the continuing technological advancement, higher demand for IT was activated by the growing demand for PCs and software in 1980s and then the popularity of mobile communications and the Internet in the 1990s, and this served to promote the enormous growth of the information and communications industry in Korea.

LESSON 06

쇼핑

Shopping

Goals

학습목표 | Objectives

백화점, 시장, 가게 등에서 물건 사기

Buying various stuffs at a department store, market and a grocery store

문법 | Grammar

V + (으)ㄹ 수 있다/없다 (can / can' t)

V + 아/어/여 보다 (try to do)

V + 았/었/였 (past tense ending)

못 (can't)

N + 에 III (per)

활동 | Task

영수증 사용하기

Using and understanding receipt

동대문시장에서 옷 사기
Buying clothes at Dongdaemun market

Vera is buying pants after negotiating a price

Listen Track 35

점원	어서 오세요.	Welcome!
베라	이 바지 얼마예요?	How much are this pants?
점원	이만 오천 원이에요.	They cost 25000 won.
베라	좀 비싸요. 다른 바지 있어요?	It's a little bit expensive. How about the other pants?
점원	이 바지는 어떠세요? 이만 원이에요.	How about these pants? It costs 20000 won.
베라	정말 예뻐요.	It looks so pretty.
점원	한번 입어 보세요.	Why don't you try it on?
베라	좀 작아요.	It's a little bit tight.
점원	잠깐만 기다리세요. 이걸로 입어 보세요.	Wait a minute. Try this one.
베라	네, 좋아요. 조금 깎아 주세요.	Yes, good. I need a discount.

새단어 _New Words

어서 오세요.	Welcome!	다른	different, another	깎다	to discount (a price)
바지	pants, trousers	한번 입어 보세요.	Why don't you try?	그럼	and then
얼마예요?	How much is it?	작다	to be small	깎아 주세요.	I need a discount. Come down a little more, please.
좀	little bit	잠깐만	just a minute		
비싸다	to be expensive	조금	some, a little, a few		

생선가게에서

At fish market

Jiseon is buying fishes and ingredients in order to make a fish stew

Listen (Track 36)

지선	아저씨, 이 생선 얼마예요?	Mister, how much is this fish?
아저씨	한 마리에 육천 원이에요.	6000 won for one.
	두 마리에 만 원이에요.	10000 won for two.
지선	그럼 두 마리 주세요.	Give me two fishes, please.
	그런데 양념은 여기에서 못 사요?	Can I buy seasoning here?
아저씨	여기에서 살 수 있어요.	You can get it here.

새단어 _New Words

아저씨	middle aged man (a name for calling a man store keeper)
생선	fish
마리	counting nouns for animals and fishes
양념	seasoning

백화점 쇼핑
Sale at a department store

Jiseon bought stuffs at the department store

Listen Track 37

링링	어제 백화점에 갔어요?	Did you go to the department store yesterday?
지선	네, 갔어요.	Yes, I did.
링링	무엇을 샀어요?	What did you buy?
지선	가방하고 구두를 샀어요	I bought a bag and a pair of shoes.
링링	너무 예뻐요. 비싸요?	They look so pretty. Were they expensive?
지선	아니에요.	No.
	어제 백화점에서 세일을 했어요.	The department store did a sale.
링링	그래요? 언제까지 세일을 해요?	Really? Until when do they have a sale?
지선	이번 주 토요일까지예요.	It's until this Saturday.

새단어 _New Words

백화점	department store	이번	this
너무	really, too much	주	week
세일(을 하다)	sale (to be on sale)		

발음 Pronunciation

'ㄱ, ㄷ, ㅂ, ㅈ'의 앞뒤에 'ㅎ'이 오면 'ㄱ, ㄷ, ㅂ, ㅈ'를 거센소리 [ㅋ, ㅌ, ㅍ, ㅊ]로 발음한다.
Before or after 'ㅎ' the plain consonant 'ㄱ, ㄷ, ㅂ, ㅈ' become aspirates and pronounced as [ㅋ ㅌ ㅍ ㅊ].

백화점[배콰점]

• 다음을 읽어보세요.

그렇게　좋다　그렇지　어떻게　착하다　만형　잡혀

어휘 Vocabulary

물건 (Goods)

바지	trousers, pants
치마	skirt
구두	shoes
넥타이	necktie
가방	bag
생선	fish
우유	milk
꽃	flower

형용사 (Adjective)

싸다	to be cheap
비싸다	to be expensive
좋다	to be good
나쁘다	to be bad
크다	to be big
작다	to be small
예쁘다	to be pretty
재미있다	to be interesting
재미없다	to be uninteresting
쉽다	to be easy
어렵다	to be difficult

문법 Grammar Focus

• V + (으)ㄹ 수 있다/없다 (can / can't)

동사에 연결하여 능력이나 가능성을 나타내는 표현이다. 동사의 어간이 자음으로 끝나면 '-을 수 있다/없다'가 연결되고, 모음이나 '-ㄹ'로 끝나면 '-ㄹ 수 있다/없다'가 연결된다.

'-(으)ㄹ 수 있다/없다' is attached after a verb stem in order to express an ability or possibility. When a verb stem ends with a consonant, '-을 수 있다/없다' is attached. When a verb stem ends with a vowel or 'ㄹ', '-ㄹ 수 있다/없다' is attached.

가다	가 + ㄹ 수 있다	갈 수 있다
먹다	먹 + 을 수 있다	먹을 수 있다
*만들다	만들 + 을 수 있다	만들 수 있다

가: 데이비드 씨는 **수영할 수 있어요?**

나: 네, **수영할 수 있어요.**

가: 김치를 **먹을 수 있어요?**

나: 아니요, 김치를 **먹을 수 없어요.**

1. 다음 '-(으)ㄹ 수 있다/없다' 를 이용해서 다음 문장을 완성해 보세요.

보기

피아노를 치다

→ 피아노를 칠 수 있어요.

(O)

피아노를 치다

→ 피아노를 칠 수 없어요.

(X)

(1) 한국 신문을 읽다

→ ____________________

(2) 한국 노래를 하다

→ ____________________

(3) 한국 춤을 추다

→ ____________________

(4) 자전거를 타다

→ ____________________

(5) 여기에서 기다리다

→ ____________________

2. 다음 대화를 완성해 보세요.

(1) 가: 오늘 쇼핑을 갈 수 있어요?

나: 네, ______________________

(2) 가: 한국말 책을 읽을 수 있어요?

나: 네, ______________________

(3) 가: 오늘 책을 빌릴 수 있어요?

나: 아니요, ______________________

(4) 가: 한국 음식을 (만들다) ______________________?

나: ______________________

(5) 가: 운전을 (하다) ______________________?

나: ______________________

새단어 _New Words

빌리다	to borrow
운전을 하다	to drive

● V + 아/어/여 보다 (Try to do)

어떤 행위를 한 번 시도한다는 뜻을 나타내는 표현이다. 특히 '-아/어/여 보세요'로 사용되어 다른 사람에게 어떤 행위를 하기를 권유할 때 쓰인다.

'-아/어/여 보다' is an expression of his or her trial of action. '-아/어/여 보세요' is a typical expression of encouraging other people for a certain action.

가다	가 + 아 보다	가 보다	가 보 + 세요	가 보세요
먹다	먹 + 어 보다	먹어 보다	먹어 보 + 세요	먹어 보세요
공부하다	공부하 + 여 보다	공부해 보다	공부해 보 + 세요	공부해 보세요

사무실에 가 보세요.

이 옷 한번 입어 보세요.

주말에 등산해 보세요.

1. 다음을 '-아/어/여 보다' 를 넣어서 바꿔 보세요.

(1) (인사동, 가다) → 인사동에 ________________.

(2) (비빔밥, 만들다) → 비빔밥을 ________________.

(3) (한국어 책, 읽다) → 한국어 책을 ________________.

(4) (부산, 여행하다) → 부산을 ________________.

(5) (공원, 걷다) → 공원에서 ________________.

2. 다음 대화를 완성해 보세요.

(1) 가: 이 치마 예뻐요.

나: 한번 (입다) ________________.

(2) 가: 저는 자전거를 탈 줄 몰라요.

나: 그래요? 한번 (타다) ________________. 재미있어요.

(3) 가: 한국 요리 쉬워요?

나: 네, 미키 씨도 할 수 있어요. (요리하다) ________________.

(4) 가: 가방 어디에서 사요?

나: 동대문 시장에 (가다) ________________.

(5) 가: 저는 등산이 싫어요.

나: 한번 (등산하다) ________________.

재미있어요.

새단어 _New Words
싫다 to dislike

● V + 었/았/였 (past tense endings)

동사나 형용사의 어간에 붙어 과거를 나타내는 표현이다. '-았/었/였-'은 과거를 표시하는 것으로 '-아/어/여요' 등을 구별하여 쓰는 것과 같다.

'-았/었/였-' is used for expressing of a past tense. These are attached after a verb or an adjective stem expressing past tense. If the verb stem vowel is ㅏ or ㅗ, the endings is -았-. If the vowel is ㅓ, ㅜ, ㅡ or ㅣ, the ending is '-었-' and if the verb is 하다 the ending is '-였-'.

먹다	먹었다	먹었 + 어요	먹었어요
가다	가았다 → 갔다	갔 + 어요	갔어요
오다	오았다 → 왔다	왔 + 어요	왔어요
예쁘다	예쁘었다 → 예뻤다	예뻤 + 어요	예뻤어요
하다	하였다 → 했다	하였 + 어요	하였어요 → 했어요

학교에 **갔어요**	자전거를 **탔어요**	집에 **왔어요**
밥을 **먹었어요**	편지를 **썼어요**	친구를 **기다렸어요**
공부를 **했어요**	쇼핑을 **했어요**	등산을 **했어요**

1. 다음을 '–았/었/였–' 을 이용해서 바꿔 보세요.

(1) 아침을 먹다 → 아침을 ____________________.

(2) 한국말을 배우다 → 한국말을 ____________________.

(3) 날마다 운동하다 → ____________________.

(4) 어제 방을 청소하다 → ____________________.

(5) 주말에 한국 음식을 만들다 → ____________________.

2. 그림을 보고 다음 대화를 완성해 보세요.

(1) 가: 이 바지 오늘 처음 봤어요.
나: 어제 옷가게에서 ______________.
(사다)

(2) 가: 어제 숙제 했어요?
나: 네, 했어요. 책을 3번 ______________.
(읽다)

(3) 가: 오늘 왜 청소 안 해요?

나: 어제 ________________.

(4) 가: 토요일에 뭐 했어요?

나: 친구를 ________________.

(5) 가: 어제 극장에 갔어요?

나: 아니요, ________________.

● 못 (can't)

주로 동사 앞에 쓰여, 주어가 하고 싶어 하지만 상황이 허락하지 않거나 능력이 없어서 할 수 없을 때 사용된다.

'못' (unable, cannot) is used when external circumstances prevent a person from doing something.

나는 김치를 못 먹어요.

나는 수영을 못 해요.

저는 파티에 못 가요.

1. '못' 을 이용해서 문장을 써 보세요.

(1) 가: 한국 요리를 할 줄 알아요?

나: 아니요, 한국 요리를 ________________ 해요.

(2) 가: 피아노를 칠 줄 알아요?

나: 아니요, 피아노를 ________________ 쳐요.

(3) 가: 내일 생일 파티에 가요?

나: 아니요, ________________________.

(4) 가: 이번 주말에 우리 등산해요.

나: 미안해요. 이번 주말에 등산 ____________.

(5) 가: 볼링 칠 줄 알아요?

나: 아니요, ________________________.

2. 표를 완성하세요.

보기 가: 운전을 할 수 있어요?
나: 네, 할 수 있어요. / 아니요, 못 해요.

	친구 1	친구 2
1. 운전을 할 수 있어요?		
2. 탁구를 칠 수 있어요?		
3. 한국 노래를 부를 수 있어요?		
4.		
5.		

● N + 에 III (per)

셈을 하거나 값을 매길 때 기준이 되는 단위임을 나타낸다.

'–에' marks a unit of value or proportion. '–에' is used for connecting with nouns denoting numerals.

생선 한 마리에 이천 원입니다.
수박은 한 개에 만원입니다.
천원에 두 개입니다.

1. 다음을 〈보기〉와 같이 바꾸세요.

보기 커피 – 세 잔 – 9000원

→ 커피 세 잔에 9000원이에요.

→ 커피 한 잔에 3000원이에요.

(1) 오이 – 네 개 – 3200원

→ 오이 네 개에 ________________

→ ________________

(2) 빵 – 다섯 개 – 4500원

→ 빵 ________________

→ ________________

(3) 닭 – 두 마리 – 6000원

→ ________________

→ ________________

(4) 옷 – 두 벌 – 50000원

→ ________________

→ ________________

2. '-에' 를 이용해서 문장을 써 보세요.

(1) 가: 컵이 얼마예요?

나: ____________________

3,000원

(2) 가: 구두가 얼마예요?

나: ____________________

75,000원

(3) 가: 수박이 얼마예요?

나: ____________________

15,000원

(4) 가: 콜라가 얼마예요?

나: ____________________

1,800원

(5) 가: 장미꽃이 얼마예요?

나: ____________________

6,000원

새단어 _New Words

오이	cucumber
장미꽃	rose

활동 Task

Talk

- 다음 그림을 보고 말해 보세요.

가: 어서 오세요.
나: 이 사과 얼마예요?
가: 4개에 3000원이에요.
나: 그럼, 8개 주세요.
가: 여기 있어요.
나: 모두 얼마예요?
가: 6000원이에요.

새단어 _New Words

수박	watermelon
포도	grape
우유	milk
샴푸	shampoo
양말	socks

Listen

• 잘 듣고 표를 완성하세요. Track 38

	대화 1	대화 2
어디에 갔어요?		
무엇을 샀어요?		
모두 얼마예요?		

Write

1 다음 영수증을 보고 문장을 완성하세요.

저는 어제 에스 마트에 갔습니다.

닭고기는 한 마리에 9800원이었습니다.

____

____

____

____

모두 삼만 ________ 원이었습니다.

저는 ________ 원을 냈습니다.

그리고 ________ 원을 받았습니다.

에스마트
TEL : 02)710-1234 김철수
서울 용산구 청파동

닭고기	1마리	9,800
우유	2개	6,300
치즈	2개	5,000
라면	3상자	7,500
계란	1판	3,800

총 액	31,400
받 은 돈	40,000
거 스 름 돈	8,600

새단어 _New Words

영수증	receipt
마트	mart
닭고기	chicken
치즈	cheese
라면	ramyon, instant noodle
계란	egg
총액	sum, total
돈	money
받은 돈	received money
거스름돈	change
내다	to pay

2 여러분의 영수증을 붙여 보세요. 그리고 무엇을 샀어요? 써 보세요.

저는 어제 슈퍼마켓에 갔습니다.

____

____

____

____

____

____

모두 ______________ 원이었습니다.

저는 ______________ 원을 냈습니다.

그리고 ______________ 원을 받았습니다.

Read

• 제공: 11번가 (http://www.11st.co.kr/html/main.html)

• 다음 대화를 읽고 답하세요.

데이비드: 베라 씨. 지금 뭐 하세요?
베라: 인터넷으로 쇼핑을 해요.
데이비드: 인터넷 쇼핑은 뭐가 좋아요?
베라: 집에서 물건을 살 수 있어요.
그래서 아주 편해요.
데이비드: 인터넷 쇼핑을 어떻게 해요?
베라: 먼저 물건을 선택하세요.
그리고 결제를 하세요.
데이비드: 결제는 어떻게 해요?
베라: 신용카드로 결제할 수 있어요.

새단어 _New Words

인터넷 쇼핑	shopping on the internet
편하다	to be comfortable
먼저	first
선택하다	to choose, to select
결제	payment, settlement
신용카드	credit card
순서	order

1. 베라 씨는 지금 무엇을 합니까?

______________________________.

2. 인터넷 쇼핑은 무엇이 좋습니까?

______________________________.

3. 결제 순서는 어떻습니까?

① ______________________________.

② ______________________________.

4. 여러분은 인터넷 쇼핑몰에서 무엇을 샀습니까?

문화 Cultural Notes

동대문 시장
Dongdaemun Market

Dongdaemun Market is one of the major shopping places in Korea. There exist more than 20 large shopping malls. A full range of fashion items cover the whole market win inexpensive prices. Dongdaemun market is always crowded with many foreigners, customers, tourists and retailers. Visit and enjoy shopping!

• 사진 제공: 아이투어서울 www.itourseoul.co.kr

LESSON 07

가족과 친구

Family and Friends

Goals

학습목표 | Objectives

가족과 친구를 소개

사람의 외모와 성격을 묘사

Describing personalities

Introducing friends and family members

문법 | Grammar

V + 고 (and)

V + 지 않다 (do not, be not)

V + (으)ㄴ/는 (noun modifying form)

ㅂ 불규칙 (ㅂ irregular)

V + 아/어/여서 I (because, so)

활동 | Task

가족사진 설명하기

Explaining family pictures

가족 설명하기 1
Family Pictures 1

David is explaining about family pictures to Lingling

Listen
Track 39

데이비드	링링 씨, 제 가족 사진이에요.	Lingling, This is my family picture.
링링	그래요?	Are these your parents?
	여기 두 분은 부모님이세요?	
데이비드	네, 맞아요.	Yes, correct.
링링	아버지는 무슨 일을 하세요?	What is your father's job?
데이비드	은행에서 일하세요.	He works at a bank.
링링	어머니도 직장에 다니세요?	Does your mother also have a job?
데이비드	아니요, 어머니는 주부세요.	No, my mother is a housewife.
링링	이 예쁜 아이는 누구예요?	Who is this pretty kid?
데이비드	여동생이에요.	She is my younger sister.
	정말 귀여워요.	She is very cute.

새단어 _New Words

가족	family	맞다	to be right, to be correct	아이	kid
사진	picture	아버지	father	여동생	younger sister
분	counting noun for person (honorific expression)	직장	job, work, workplace	귀엽다	to be cute
부모님	parents	어머니	mother	누구예요?	Who is this?
		주부	housewife	다니다	to attend (school, company)

가족 설명하기 2
Family Pictures 2

Vera and Yuki are talking about their family members

Listen Track 40

베라	유키 씨는 가족이 몇 명이에요?	How many family members do you have?
유키	아버지하고 어머니, 여동생, 저 모두 네 명이에요.	I've got four family members: father, mother, younger sister and me.
베라	저는 다섯 명이에요. 부모님, 언니, 여동생이 있어요.	I've got five family members: parents, elder sister and younger sister.
유키	베라 씨는 누구를 닮았어요?	Vera, who do you resemble?
베라	저는 어머니를 닮았어요.	I resemble my mother.
	유키 씨는 누구를 닮았어요?	Who do you resemble?
유키	저는 아버지를 닮았어요.	I resemble my father.
	어머니를 닮지 않았어요.	I don't resemble my mother.
	그런데 여동생은 어머니를 닮아서 눈이 커요.	But my sister resembles my mother so she's got big eyes.

새단어 _New Words

모두	all together	닮다	to resemble (usually you can use past tense)
언니	elder sister	그런데	well, by the way

친구 성격 말하기
Talking about friends

Vera and David are talking about their friends

Listen Track 41

베라	데이비드 씨와 가장 친한 친구는 누구예요?	Who is your closest friend?
데이비드	고등학교 친구예요.	My closest friend is a high school friend.
베라	어떤 사람이에요?	What kind of person is he?
데이비드	성격이 좋고 활발한 친구예요.	He has a good personality and is active.
베라	자주 연락하세요?	Do you contact him very often?
데이비드	친구가 미국에 있어서 자주 만날 수 없어요.	I hardly meet because I am in Korea.

새단어 _New Words

가장	most	활발하다	to be active
친하다	to be intimate, to be close	어떤	what kind of, like what
고등학교	high school	성격	character, personality, nature

발음 Pronunciation

겹받침 (ㄶ, ㅀ 제외) 뒤에 모음이 오면 겹받침 두 소리가 종성과 초성에서 발음된다.
Double consonants after a certain vowel, two consonants pronounce at word final position and next word initial position.

닮았어요 [달마써요]

● 다음을 읽어보세요.

여덟이 흙이 값이 앉아요 없어요 읽어요 젊어요 읊어요 훑어요

어휘 Vocabulary

외모 (appearance)

키가 크다	to be tall (one's height)
키가 작다	to be short (one's height)
귀엽다	to be cute
멋있다	to be stylish to be fashionable

성격 (personality)

활발하다	to be active
조용하다	to be quiet

높임말 (honorific)

계시다	있다	to be, to stay
드시다	먹다	to eat
주무시다	자다	to sleep
댁	집	house, home
성함	이름	name
생신	생일	birthday
말씀	말	words, talks, saying

문법 Grammar Focus

● V + 고 (and)

두 가지 이상의 행위나 상태, 사실을 연결할 때 사용한다. 두 가지 사건을 순서에 따라 표현할 때 사용하기도 한다.
This ending is used to connect two more facts or events occurring at sequences.

나는 공부를 **하고** 친구는 텔레비전을 봐요.

이 옷은 **크고** 저 옷은 작아요.

유키는 밥을 **먹고** 학교에 갔어요.

데이비드는 영화를 **보고** 저녁을 먹어요.

1. '-고' 를 이 용해서 두 문장을 한 문장으로 만드세요.

(1) 데이비드는 밥을 먹어요. + 그리고 철수는 공부를 해요.

→ ______________________________

(2) 호나우두는 김치를 좋아해요. + 그리고 링링은 비빔밥을 좋아해요.

→ ______________________________

(3) 유키는 세수를 했어요. + 그리고 유키는 잠을 잤어요.

→ ______________________________

(4) 마이클은 축구를 했어요. + 그리고 샤워를 했어요.

→ ______________________________

(5) 지선 씨는 키가 커요. + 그리고 날씬해요.

→ ______________________________

2. 〈보기〉와 같이 대답하세요.

보기

가: 이 가방이 어때요?

나: 작고 귀여워요.

(1) 가: 이 집이 어때요?

나: ________________________________

(크다, 멋있다)

(2) 가: 이 영화가 어때요?

나: ________________________________

(무섭다, 슬프다)

(3) 가: 한국어 공부가 어때요?

나: ________________________________

(쉽다, 재미있다)

(4) 가: 지난 주말에 뭐 했어요?

나: ________________________________

(친구와 영화를 봤어요, 밥을 먹었어요)

새단어 _New Words

세수(를 하다)	face washing (to wash one's face)	무섭다	to be terrible, to be fearful, to be afraid of
샤워(를 하다)	a shower (to take a shower)	슬프다	to be sad

● V + 지 않다 (do not, be not)

동사나 형용사의 어간에 붙어 부정을 나타낼 때 사용한다. '-지 않다'는 '-지 아니하다'의 줄임말이다.

This pattern attaches to verbs, means negation. '-지 않다' is an abbreviation from '-지 아니하다'.

가다	가 + 지 않다	가지 않다	가지 않아요
먹다	먹 + 지 않다	먹지 않다	먹지 않아요

집에 가지 않아요.

비빔밥을 먹지 않았어요.

1. 다음 문장을 완성하세요.

(1) 먹다 → 안 먹어요. → 먹지 ________

(2) 자요 → ________ → ________

(3) 깨끗하다 → ________ → ________

(4) 공부하다 → ________ → ________

(5) 친구를 만나다 → ________ → ________

2. '-지 않다' 를 이용해서 대화를 완성하세요.

(1) 가: 토요일에 일을 해요?

나: 아니요, 토요일에 일을 안 해요.

아니요, 토요일에 일을 ________.

(2) 가: 고기를 먹어요?

나: 아니요, 고기를 안 먹어요.

아니요, 고기를 ________.

(3) 가: 지금 집에 가요?

나: 아니요, ________.

아니요, ________.

(4) 가: 오늘 아침에 선생님을 만났어요?

나: 아니요, ________.

아니요, ________.

(5) 가: 그 영화 봤어요?

나: 아니요, ________.

아니요, ________.

새단어 _New Words

고기 meat

● V + (으)ㄴ/는 (The Noun modifying form)

형용사 어간에 '-(으)ㄴ/는'을 붙여서 명사를 꾸민다. 형용사 어간이 자음으로 끝나면 '-은'을 사용한다. 형용사 어간이 모음으로 끝나면 '-ㄴ'을 사용한다. 형용사 어간이 'ㄹ'로 끝나면 'ㄹ'이 탈락하고 '-ㄴ'을 결합한다. '있다/없다'의 경우는 '-는'을 결합한다.

'-(으)ㄴ' is the changed ending form of adjective in order to modify nouns. When adjective stem ends in a consonant, '-은' is used. When adjective stem ends in a vowel '-ㄴ' is used. When adjective stem ends in 'ㄹ', 'ㄹ' is deleted and '-ㄴ' is used. In case of '있다'/'없다', -는 is used.

크다	크 + ㄴ	큰
작다	작 + 은	작은
길다	길 + ㄴ	긴
*있다	있 + 는	있는
*없다	없 + 는	없는

큰 집이 좋아요.

작은 가방을 샀어요.

데이비드 씨는 재미있는 사람이에요.

1. '-(으)ㄴ/는' 을 이용해서 문장을 완성하세요.

(1) 선생님이 바빠요. → ____________ 선생님이에요.

(2) 제 친구는 성격이 좋아요. → 제 친구는 성격이 ____________ 사람이에요.

(3) 빵이 맛있어요. → ____________ 빵이에요.

(4) 영화가 재미없어요. → ____________ 영화예요.

(5) 머리가 길어요. → ____________ 머리예요.

새단어 _New Words

달다	to be sweet
친절하다	to be kind, to be nice

2. 다음 대화를 완성하세요.

(1) 가: 어떤 사람이 좋아요?

나: 저는 (재미있다)______________________ 사람이 좋아요.

(2) 가: 어떤 음식을 좋아해요?

나: 저는 (달다)______________________ 음식을 좋아해요.

(3) 가: 동생은 성격이 어때요?

나: 동생은 (활발하다)______________________ 성격이에요.

(4) 가: 말이 많은 사람 어때요?

나: 저는 ______________________________________.

(5) 가: 아버지는 어떤 분이세요?

나:____.

● ㅂ 불규칙 (ㅂ irregular)

'ㅂ' 불규칙이란 동사나 형용사 어간 말음 'ㅂ'이 모음 어미 앞에서 '우'로 변하는 현상이다.
When some verbs or adjectives of which the stem ends in ㅂ are followed by vowels, 'ㅂ' is changed into '우'.

귀엽다	귀여워요	귀여운
춥다	추워요	추운
덥다	더워요	더운
어렵다	어려워요	어려운

1. 다음을 이용해서 문장을 완성하세요.

(1) 춥다 → 날씨가 추워요. → __________ 날씨예요.

(2) 맵다 → 김치가 매워요. → __________ 음식이에요.

(3) 덥다 → 여름 날씨가 __________. → __________ 여름 날씨예요.

(4) 어렵다 → 시험 문제가 __________. → __________ 문제예요.

(5) 귀엽다 → 아기가 ______________. → __________ 아기예요.

2. 다음 대화를 완성하세요.

(1) 가: 한국 여름 날씨가 어때요?

나: (덥다)______________________________.

(2) 가: 철수 씨 방은 어때요?

나: 철수 씨 방은 정말 (더럽다)______________.

(3) 가: 시험 잘 봤어요?

나: 아니요, (어렵다)___________ 문제가 많았어요.

(4) 가: 어떤 음식을 싫어해요?

나: (맵다)_______________ 음식을 싫어해요.

새 단어 _New Words

춥다	to be cold (weather)
덥다	to be hot (weather)
맵다	to be spicy
더럽다	to be dirty

● V + 아/어/여서 I (because, so)

선행절이 후행절의 이유나 원인임을 나타내는 표현이다. 동사나 형용사 어간에 붙는다.
This ending means that the preceding clause is the reason or cause for the following clause. '–아/어/여서' is arrached to either a verb stem or an adjective stem.

가다	가 + 아서	가서
먹다	먹 + 어서	먹어서
아프다	아프 + 아서	아파서
좋아하다	좋아하 + 여서	좋아해서

배가 고파서 식당에 가요.
돈이 없어서 쇼핑을 할 수 없어요.

새 단어 _New Words

아프다	to be sick, to be ill
배고프다(배가 고프다)	to be hungry

1. 다음을 알맞게 연결하고 '-아/어/여서'를 이용해서 문장을 완성하세요.

(1) 낮에 잠을 많이 자다 •	• 한국말을 잘 해요.
(2) 점심을 많이 먹다 •	• 밤에 잠을 잘 수 없어요.
(3) 산책을 좋아하다 •	• 배가 불러요
(4) 쇼핑을 많이 하다 •	• 지금 돈이 없어요.
(5) 열심히 공부를 하다 •	• 자주 공원에 가요.

(1) → ______________________________

(2) → ______________________________

(3) → ______________________________

(4) → ______________________________

(5) → ______________________________

새단어 _New Words

낮	day, daytime
밤	night
배부르다 (배가 부르다)	to be full, to have a full stomach
산책	walk, stroll

2. 다음 대화를 완성하세요.

(1) 가: 왜 늦게 왔어요?

나: 늦게 (일어나다)________________ 지각했어요.

(2) 가: 왜 숙제를 안 했어요?

나: 시간이 (없다)________________ 숙제를 못 했어요.

(3) 가: 왜 김치를 못 먹어요?

나: 매운 음식을 안 (좋아하다)________________ 김치를 못 먹어요.

(4) 가: 왜 기분이 좋아요?

나: ______________________________.

(5) 가: 어제 왜 학교에 안 왔어요?

나: ______________________________.

새단어 _New Words

늦게	late
지각하다	to be late for (school, company)
기분	feeling

활동 Task

Write

- 다음 그림을 보고 빈 칸에 쓰세요.

새단어 _New Words	
할아버지	grandfather
할머니	grandmother
형	old brother (only men say this)

Write

1 여러분 가족의 가계도를 그려 보세요. 그리고 이름을 써 보세요.

새 단어 _New Words

가계도 a family tree

2 그림을 보고 알맞은 말을 넣으세요.

1. 가: 날씨가 어때요?

   나: ____________ 날씨예요.
   (춥다)

2. 가: 꽃을 선물 받았어요.

   나: ____________ 꽃이에요.
   (예쁘다)

3. 가: 키가 ____ 이 사람은 누구예요?
   (크다)

   나: 우리 오빠예요.

4. 가: 어떤 머리를 좋아해요?

   나: 저는 ____ 머리를 좋아해요.
   (길다)

5 가: 어느 식당에서 밥을 먹어요?

   나: ____________ 식당에서 먹어요.
   (맛있다)

6. 가: 어떤 영화 좋아해요?

   나: ____________ 영화를 좋아해요.
   (재미있다)

새단어 _New Words

날씨	weather	머리	head, hair style
선물	present, gift	어느	which
키	sature; one's height		

3 호나우두 씨는 어떤 사람을 좋아해요?

______ 부분을 맞게 고치고 호나우두 씨가 좋아하는 여자 그림을 그려 보세요.

나는 머리가 ______ 사람을 좋아해요. (길다) 눈이 ______ 사람을 좋아해요. (크다) 키가 ______ 사람을 좋아해요. (작다)	

4 여러분이 좋아하는 사람을 그리고, 그 사람에 대해서 써 보세요.

Talk

• 다음 〈보기〉와 같이 친구와 이야기해 보세요.

보기

가: 가족이 몇 명이에요?

나: 다섯 명이에요.

할아버지, 아버지, 어머니, 형, 저예요.

Listen

1 다음 내용을 듣고 맞으면 ○, 틀리면 × 표시 하세요. Track 42

1. 베라 씨는 가족이 네 명이에요. (   )
2. 데이비드 씨는 가족이 여섯 명이에요. (   )
3. 데이비드 씨 가족은 할아버지와 함께 살아요. (   )
4. 데이비드 씨는 아버지를 닮았어요. (   )
5. 베라 씨 여동생은 어머니를 닮았어요. (   )

새단어 _New Words

함께	together
살다	to live

2 다음 내용을 듣고 빈 칸에 쓰세요. Track 43

데이비드 베라 씨는 ________이 몇 명이에요?

베라 아버지하고 어머니, 여동생 저 모두 ________이에요.

데이비드 저는 ________ 명이에요. 부모님, ________, 누나, 여동생, 저예요.

베라 데이비드 씨는 누구를 닮았어요?

데이비드 저는 ________를 많이 닮았어요. 베라 씨는 누구를 닮았어요?

베라 저는 아버지를 닮지 않았어요. 어머니를 닮았어요. 그런데 ________은 아버지를 닮았어요.

Read

• 다음 내용을 읽고 질문에 답하세요.

내 이름은 호나우두예요. 브라질 사람이에요.
우리 가족은 모두 7명이에요.
할아버지, 할머니, 아버지, 어머니, 형, 여동생, 저예요.
할아버지와 할머니는 브라질에서 (1) 살아요.
아버지와 어머니, 형, 여동생은 한국에 있어요.
아버지는 은행원이세요. 한국 은행에 (2) 다녀요.
어머니는 주부세요. 음식을 잘 (3) 만들어요.
형은 (4) 대학생이세요. (5) 착해요 사람이에요.
여동생은 초등학생이에요. (6) 똑똑하다 아이예요.

새 단어 _New Words

우리	we, our
대학생	university student
초등학생	elementary student
똑똑하다	to be smart

1. 위에 밑줄 친 부분을 고쳐서 다음 표를 완성하세요.

(1) 살아요	
(2) 다녀요	
(3) 만들어요	
(4) 대학생이세요	
(5) 착해요 사람이에요	
(6) 똑똑하다 아이예요	

2. 호나우두의 가족은 모두 몇 명이에요?

3. 할아버지와 할머니는 어디에 사세요?

4. 아버지 직업은 뭐예요?

Talk

- 여러분 가족은 몇 명이에요? 직업이 뭐예요?

  다음 표를 완성해 보고 친구와 이야기해 보세요.

보기

가: 아버지는 어떤 일을 하세요?

나: 은행원이세요.

가: 어디에 계세요?

나: 중국에 계세요.

가족	직업/ 전공	주소

새단어 _New Words

전공 major

Write

- 여러분 가족 사진을 붙이고 다음과 같이 소개해 주세요.

우리 가족

우리 가족은 부모님, 오빠, 나
모두 네 명이에요.
키가 큰 사람은 우리 아버지세요.
등산을 좋아하세요.
키가 가장 작은 사람은 우리 어머니세요.
요리를 잘 하세요.
오빠는 대학생이에요. 열심히 공부해요.
저는 짧은 치마를 입었어요. 성격은 활발해요.

새단어 _New Words

오빠	older brother (only women say this)
열심히	eagerly, zealously
짧다	to be short
치마	skirt
활발하다	to be active

〈사진을 붙이세요〉

〈소개해 주세요〉

문화 Cultural Notes

한국의 가족 생활

Korean Family Members

One of the most important aspects of Korean society is a strong tie between family members. Koreans think their good relationship among family members is the most valuable thing. Elderly people lead the younger generation and the younger generation take wise advice from them. Even though the idea of individualism and economic growth changed the family system but still Koreans valued the family as the most important group for themselves.

LESSON 08

병원

Hospital

Goals

학습목표 | Objectives

병원에서 처방전 받기
약국에서 약 구입하기
Taking a prescription at hostpital
Taking a medicine at pharmacy

문법 | Grammar

V + 고 나서 (after doing)
V + (으)면 (If, when)
V + 아/어/여야 하다 (must, should)

활동 | Task

의사와 환자 역할극하기
Role play as a doctor and a patient

내과에서 진료받기
Hospital treatment 1

Yuki meets a doctor

Listen Track 44

의사	어디가 아프세요?	Where does it hurt?
유키	열이 나고 목이 아파요.	I have a fever and a sore throat.
의사	언제부터 그랬어요?	When did it begin?
유키	아침부터 그랬어요.	From this morning.
의사	목감기예요. 물을 많이 드시고 푹 쉬세요. 열이 나면 이 약을 드세요.	You caught a cold. Drink a lot of water and fully rest. Take this medicine if you have a fever.
유키	감사합니다.	Thank you.

새단어 _New Words

열 (이 나다)	fever (to have)
목	neck
목감기	sore throat
푹 (쉬다, 자다)	enough, sufficiently (to take a rest, to sleep)
푹 쉬세요.	Please take a rest fully.

약국에서
At Pharmacy

Yuki and pharmacist are talking at the drug store

Listen Track 45

약사	처방전을 주세요.	Please, give me a prescription.
유키	여기 있습니다.	Here it is.
약사	네, 잠깐만 기다리세요.	Yes, please wait a minute.
	(잠시 후)	(After a whlie)
약사	유키 씨, 약 나왔습니다.	Yuki, here is the medicine.
유키	이 약 어떻게 먹어요?	How can I take this medicine?
약사	하루 세 번, 식사하고 나서 드세요.	Please take this medicine after having a meal three times a day.
유키	그럼 이 물약은 뭐예요?	What is this liquid medicine for?
약사	열이 나면 드세요.	If you have a fever, take it.
유키	네, 알겠습니다. 안녕히 계세요.	Yes, I understand. Goodbye.

새단어 _New Words

약국	pharmacy	잠시 후	after a while	약	medicine
처방전	prescription	식사	meal	물약	liquid medicine
여기 있습니다.	Here it is.	알겠습니다.	I understand.		

외과에서 진료받기
Hospital treatment 2

Lingling got hurt on her leg

Listen Track 46

의사	어디가 안 좋으세요?	Where do you feel sick?
링링	발을 다쳤어요.	My legs got hurt.
의사	여기가 아프세요?	You feel pain here?
링링	네, 많이 아파요.	Yes, It hurts a lot.
의사	많이 부었어요.	Your feet are swollen.
	마사지를 받아야 해요.	You need a massage.
링링	얼마 동안 받아요?	How long do I have to receive a massage?
의사	일주일 동안 마사지를 받으세요.	You'd better receive one it for a week.
링링	알겠습니다.	I understand.

새단어 _New Words

발	foot	마사지 (를 받다)	massage (to receive)
다치다	to be injured, to get hurt	동안	during, for
붓다 (부어요)	to swell (up), to become bloated		

발음 Pronunciation

합성어에서 받침 'ㄹ' 과 '이, 야, 여, 요, 유' 가 만나면 'ㄹ' 을 첨가해서 발음한다.
In compounding words, when final consonant 'ㄹ' meets the vowels of '이, 야, 여, 요, 유', you have to insert another 'ㄹ' sound at the word initial position.

물약[물략]

- 다음을 읽어보세요.

솔잎　　서울역　　휘발유　　불여우

어휘 Vocabulary

증세 (Symptom)

소화가 안 되다	to be indigestible
기침을 하다	to cough, to have a cough
화상을 입다	to be burned, to be have suffer a burn
열이 나다	to have a fever
다리가 부러지다	to get broken in one's leg
콧물이 나다	to have running nose

병원 (Hospital)

내과	internal medicine
피부과	dermatology
소아과	pediatrics
정형외과	orthopedics
이비인후과	ear-nose-and-throat department
산부인과	obstetrics

문법 Grammar Focus

● V + 고 나서 (After doing)

동사 어간에 붙여 어떤 행위를 한 다음에 다른 행위를 할 때 사용한다.

This clausal connective pattern is compatible only with action verbs and means that the action of the main verb has come to an end.

숙제를 하고 나서 텔레비전을 봐요.

밥을 먹고 나서 약을 먹어요.

1. '-고 나서' 를 이용해서 문장을 연결하세요.

(1) 쇼핑을 하다 + 영화를 봐요. → ______________________.

(2) 공부를 하다 + 운동을 해요. → ______________________.

(3) 이를 닦다 + 잠을 자요. → ______________________.

(4) 운동을 했어요. + 샤워를 했어요. → ______________________.

(5) 저녁을 먹었어요. + 과일을 먹었어요. → ______________________.

2. 다음 대화를 완성하세요.

(1) 가: 언제 숙제를 시작할까요?

나: (밥 먹다) ______________________ 숙제를 시작해요.

(2) 가: 언제 쇼핑할까요?

나: (월급을 받다) ______________________.

(3) 가: 언제 밥 먹을 수 있어요?

나: (청소하다) ______________________.

(4) 가: 언제 만날 수 있어요?

나: ______________________.

(5) 가: 언제 영화를 봤어요?

나: ______________________.

새단어 _New Words

월급을 받다 to receive salary

● V + (으)면 (if, when)

동사나 형용사에 붙여 가정을 나타낼 때 사용한다. 동사나 형용사의 어간이 자음으로 끝나면 '-으면'을 붙인다. 그리고 모음이나 'ㄹ'로 끝나면 '-면'을 붙인다.

This conditional ending attaches when expressing conditional meaning. It can attach to both verb and adjective. When the stem of them ends with a consonant, '-으면' is attached while the stem of them ends with vowel or ㄹ, '-면' is attached.

가다	가+면	가면
먹다	먹+으면	먹으면
*놀다	놀+면	놀면

비가 오면 소풍을 못 가요.

음악을 **들으면** 기분이 좋아요.

추우면 옷을 많이 입어요.

1. 관계가 있는 것끼리 연결하세요. 그리고 '-(으)면' 을 이용해서 문장을 완성하세요.

(1) 콧물이 나다 •	• 배가 아파요.
(2) 한국어를 공부하다 •	• 재미있어요.
(3) 다리가 부러지다 •	• 약을 먹어요.
(4) 날씨가 좋다 •	• 병원에 가요.
(5) 밥을 많이 먹다 •	• 소풍을 가요.

콧물이 ______________________________.

한국어를 ______________________________.

다리가 ______________________________.

날씨가 ______________________________.

밥을 많이 ______________________________.

● V + 아/어/여야 하다 (must, should)

어떤 일을 할 의무가 있을 때 사용한다.

This patterns used in order to focus on the obligation to the meaning of the preceding verb.

가다	가 + 아야 해요	가야 해요
받다	받 + 아야 해요	받아야 해요
먹다	먹 + 어야 해요	먹어야 해요
하다	하 + 여야 해요	해야 해요

도서관에서는 조용히 **해야 해요.**

여기서 친구를 **기다려야 해요.**

아파서 병원에 **가야 해요.**

1. '–아/어/여야 하다' 를 이용해서 문장을 완성하세요.

(1) 일찍 자요.

→ ______________________________

(2) 매일 운동해요.

→ ______________________________

(3) 학교까지 걸어요.

→ ______________________________

(4) 배가 고파서 밥을 먹어요.

→ ______________________________

(5) 내일 시험이 있어서 공부해요.

→ ______________________________

새단어 _New Words

일찍 early

2. 다음 대화를 완성하세요.

(1) 가: 내일 몇 시까지 학교에 와야 해요?

나: ______________________________

(2) 가: 약속 시간에 늦으면 어떻게 해야 해요?

나: ______________________________

(3) 가: 이번 주에 뭐 해야 해요?

나: ______________________________

(4) 가: 이번 방학에 뭐 해야 해요?

나: ______________________________

(5) 가: 열이 나면 어떻게 해야 해요?

나: ______________________________

활동 Task

Read

- 다음 그림에 맞는 증세를 연결하세요.

1. 

2. 

3. 

4. 

- 배가 아프다
- 열이 나다
- 화상을 입다
- 기침을 하다

새단어 _New Words

증세	symptoms the condition of illness
화상을 입다	to be burnt

Listen

• 잘 듣고 〈보기〉에서 알맞은 병원을 고르세요. Track 47

보기 ① 내과 ② 피부과 ③ 정형외과 ④ 이비인후과 ⑤ 소아과

1. ( )

2. ( )

3. ( )

4. ( )

Read

• 다음 약 봉투를 보고 맞으면 ○, 틀리면 × 하세요.

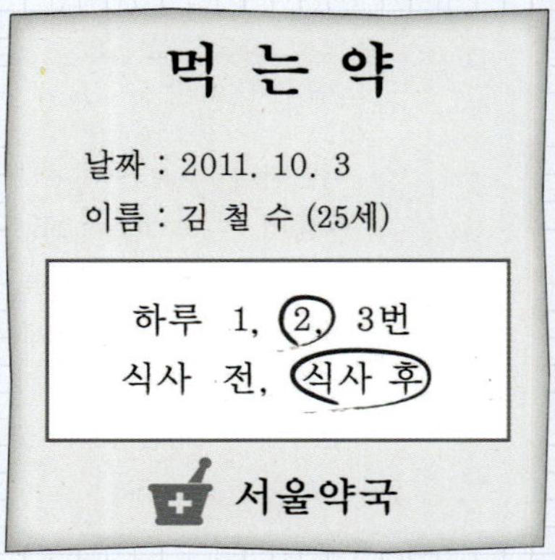

1. 김철수 씨가 아픕니다. ( )

2. 약을 먹고 밥을 먹습니다. ( )

3. 9월 5일에 약국에 갔습니다. ( )

4. 하루에 세 번 약을 먹습니다. ( )

새단어 _New Words

봉투	paper bag
하루	one day
전	before
후	after

Listen

• 다음을 듣고 알맞은 약을 처방해 주세요. Track 48

소화제

두통약

해열제

처방약

연고

파스

반창고

비타민

1. (   )

2. (   )

3. (   )

4. (   )

5. (   )

새단어 _New Words

처방하다	to prescribe
두통약	headache pill
감기약	cold medicine
파스	medicated patch
반창고	band aid
소화제	digestive medicine
비타민	vitamin

Talk

- 의사와 환자가 되어 대화를 만들어 보세요.

내과

의사: 어디가 아프세요?

환자: 열이 나고 목이 아파요.

의사: 언제부터 그랬어요?

환자: 어제부터 아팠어요.

의사: 목감기입니다. 약을 드리겠습니다.

환자: 약은 어떻게 먹어야 해요?

의사: 식사하고 나서 30분 후에 드세요.

새단어 _New Words

환자	a patient
병명	the name of a disease
코감기	sinus cold
디스크	slipped disc
마사지	massage
알레르기	allergy
연고	ointment
피부	skin
가렵다	to be itch

의사 카드

병원	병명	처방
내과	목감기	식사하고 30분 후에 약을 드세요.
이비인후과	코감기	아침, 저녁 두 번 물약을 드세요.
정형외과	디스크	저녁에 마사지를 하세요.
피부과	알레르기	피부 연고를 바르세요.

환자 카드

증세	언제부터
목이 아파요.	어제부터
콧물이 나요.	3일 전부터
허리가 아파요.	일주일 전부터
피부가 가려워요.	오늘 아침

Write

• 이야기를 만들어 보세요.

Talk

• 다음 문제가 있으면 어떻게 해야 됩니까?

보기 가: 감기에 걸리면 어떻게 해요?

나: 물을 자주 마시세요.

새단어 _New Words

문제	problem, drawback
코피	nosebleed
멀미	(travel) sickness
살찌다	to gain weight

문제 \ 이름		
잠이 안 와요.		
소화가 안돼요.		
코피가 나요.		
멀미가 나요.		
살이 쪄요.		

Read

• 다음을 읽고 말해 보세요.

저는 어제 아침부터 목이 아프고 기침이 났습니다. 그래서 오늘 수업이 끝나고 나서 병원에 갔습니다. 병원에서 감기약 처방전을 받았습니다. 약국에서 약을 샀습니다. 그리고 집에서 밥을 먹고 나서 약을 먹었습니다. 일찍 잠을 잤습니다.

저는 고향에서 운동을 열심히 했습니다. 그래서 아프지 않고 건강했습니다. 그런데 한국에서는 너무 바빠서 운동을 하지 않았습니다. 감기에 자주 걸렸습니다. 그래서 요즘에 다시 운동을 시작했습니다. 몸이 건강하면 마음도 건강합니다. 여러분도 시간이 있으면 자주 운동을 하세요. 그러면 몸과 마음이 건강할 수 있습니다.

1. 나는 어제부터 어디가 아팠습니까?

2. 병원에서 나에게 무엇을 주었습니까?

3. 나는 한국에서 운동을 왜 하지 않았습니까?

새단어 _New Words

생활	life
몸	body
마음	mind, spirit
건강하다	to be healthy

문화 Cultural Notes

한국의 병원

Korean Medical Service

Korean medical services heavily relyed on traditional medicine until 103 years ago. But since 1908, western medical science started to take roots in Korea. Nowdays, Korean has about 100,000 medical doctors, producing about 3,086 doctors every year from 41 medical schools. Traditional medicine has also been developed following modernized social system. Both system coexist in Korea today. The living standard of Korean has improved and naturally changed the working environment. Intensive stress and pressure influence to the Korean people and these factors cause the evoke major diseases in Korea.

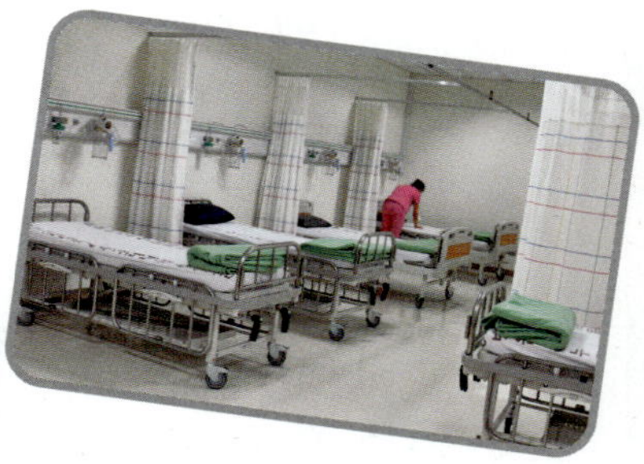

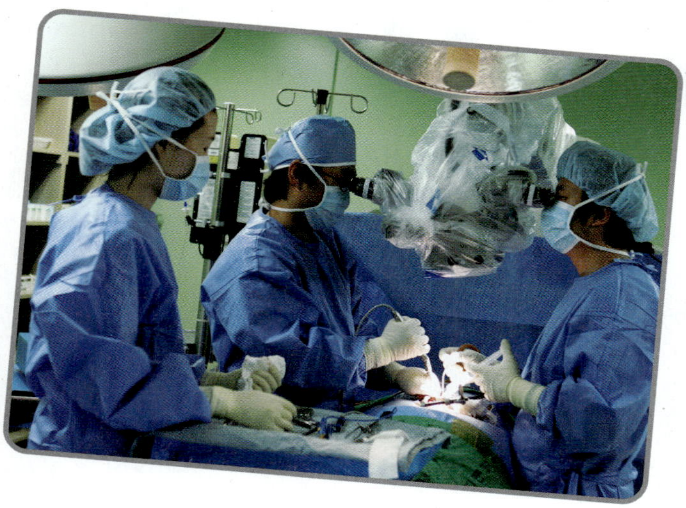

• 사진 제공: 대한병원협회 www.kha.or.kr

LESSON 09

식당과 음식

Restaurant and Foods

Goals

학습목표 | Objectives

식당에서 음식을 주문하기
음식에 대한 소개 및 설명하기
Ordering foods at a restaurant
Explaining about Korean foods

문법 | Grammar

V+(으)ㄹ까요? (Shall we …?)
V+고 싶다/고 싶어 하다 (want to do)
V+(으)ㄹ 거예요 (future tense)
V+겠 I (Would you like to?)

활동 | Task

메뉴판을 보고 음식 주문하기
Ordering foods by looking at a menu

식당에서
At restaurant

Vera and Jiseon order foods at a Korean restaurant

Listen (Track 49)

종업원	어서 오세요? 이쪽으로 앉으세요. 뭘 드시겠어요?	Welcome! Please, sit down here. What would you like to have?
지선	베라 씨, 뭘 먹을까요?	Vera, what do you want to eat?
베라	비빔밥을 먹고 싶어요. 지선 씨는 뭘 먹겠어요?	I want a bibimpap. How about you?
지선	저는 칼국수를 먹고 싶어요. 아줌마, 비빔밥 하나하고 칼국수 하나 주세요.	I want to have noodles. Waitress, We want to order one bibimpap and one noodle, please.

새단어 _New Words

종업원	employee (waiter, waitress)
비빔밥	bibimbap (rice with various kinds of vegetables)
칼국수	noodles
맛있다	to be delicious

햄버거 가게에서
Ordering food at fast food restaurant

Minho orders a hamburger set at a fast food restaurant

Listen
Track 50

종업원	주문 도와 드리겠습니다.	May I take your orders?
민호	불고기 버거 세트 하나하고,	I want to have a bulgogi burger set and
	치킨 버거 세트 하나 주세요.	chicken burger set.
종업원	음료는 뭘로 하시겠어요?	What do you want for a drink?
민호	콜라하고 커피 주세요.	I want to have a coke and a cup of coffee.
종업원	더 주문하시겠어요?	Would you like to order anything else?
민호	아니요, 됐어요.	No, it's O.K.
종업원	9,800원입니다.	The total price is 9800 won.
	여기서 드실 거예요?	Would you like to eat here?
민호	아니요. 싸 주세요.	No. To-go, please.

새단어 _New Words

햄버거	hamburger	치킨 버거	chicken burger
주문하다	to order	음료	drink, beverage
도와 드리다('도와주다'의 높임말)	to help (honorific expression of '도와주다')	콜라	coke
		싸다	to wrap, to pack up
불고기 버거	bulgogi burger	됐어요	It's O.K.
세트	set		

한국음식 만들기
Making korean foods

Teacher and David are talking about Korean noodle 'Japchae'

Listen
Track 51

선생님	데이비드 씨, 어제 생일 파티에서 뭐 먹었어요?	David, what did you eat at the birthday party yesterday?
데이비드	불고기, 잡채, 떡을 먹었어요.	I ate bulgogi, japchae and tteok.
선생님	뭐가 제일 맛있었어요?	What did you like the most?
데이비드	잡채가 제일 맛있었어요. 그래서 이번 주말에 잡채를 만들어 볼 거예요.	I liked japchae the most. So I am going to make it during this weekend.
유키	잡채는 무엇으로 만들어요?	What is the japchae made with?
선생님	당면하고 고기하고 야채로 만들어요.	Noodles, meats and vegetables.
유키	저도 잡채를 만들어 보고 싶어요.	I also want to try making japchae.

새단어 _New Words

떡	tteok (korean rice cake)	당면	Korean noodles (made of starch)
제일	most	야채	vegetable

발음 Pronunciation

받침 'ㅁ' 뒤에 받침 'ㄹ'이 오면 'ㄹ'은 [ㄴ]으로 발음한다.
If 'ㄹ' appears after the nasal 'ㅁ', the pronounce of 'ㄹ' becomes [ㄴ].

음료[음뇨]

● 다음을 읽어보세요.

삼라　　담력　　금리　　감량

어휘 Vocabulary

음식 (food)

김밥	gim-bap
비빔밥	boiled rice with assorted mixtures
불고기	bulgogi; Korean roast beef
김치	kimchi
삼계탕	samgyetang; chicken soup with ginseng
갈비탕	beef-rib soup
잡채	mixed dish of vegetables and sliced meat
자장면	chinese noodles
피자	pizza

맛 (taste)

짜다	to be salty
싱겁다	to be not salty
맵다	to be spicy
쓰다	to be bitter
달다	to be sweet
시다	to be sour

문법 Grammar Focus

● V + (으)ㄹ까요? (Shall we . . . ?)

어떤 일에 대해서 다른 사람의 의견을 물어볼 때 쓰는 표현이다. '-ㄹ까요'는 모음으로 끝나는 동사 어간에, '-을까요'는 자음으로 끝나는 동사어간에 붙인다.

'-(으)ㄹ까요?' is used to ask someone's view, opinion about a certain matter. It is 'Shall we....' or 'Will it be...?' in English. This form is changeable depending on the Verb Stem. For example, '-ㄹ까요?' is attached to the V.S. ending in a vowel. '-을까요?' is attached to the V.S. ending in a consonant.

내일 영화를 보다. →	내일 영화를 **볼까요?**
토요일에 만나다. →	토요일에 **만날까요?**
한국 음식을 만들다. →	한국 음식을 **만들까요?**

1. 문장을 만들어 보세요.

(1) 오늘 도서관에 ______________________ (가다)

(2) 내일 같이 점심을 ______________________ (먹다)

(3) 주말에 수영장에서 ______________________ (수영하다)

(4) 오늘 오후에 공원에서 ______________________ (산책하다)

(5) 학교에서 같이 신문을 ______________________ (읽다)

새단어 _New Words

수영장	swimming pool
수영하다	to swim
공원	park
산책하다	to take a walk
신문	newspaper

2. 대화를 만들어 보세요.

(1) 가: 지금 커피 ______________________?

나: 네, 좋아요.

(2) 가: 오늘 같이 공항에 ______________________?

나: 미안해요. 못 가요.

(3) 가: 주말에 같이 골프를 ______________________?

나: 네, 좋아요. 같이 쳐요.

(4) 가: 내일 스케이트를 ______________________?

나: 미안해요. 내일 바빠요.

(5) 가: 내일 운동을 같이 ______________________?

나: 네, 좋아요.

새단어 _New Words

공항	airport
골프 (를 치다)	golf (to play golf)

● V + 고 싶다/고 싶어 하다 (want to do)

동사 어간에 붙어 바라거나 원하는 뜻을 나타내는 표현이다. '-고 싶다'는 주어가 일인칭, 이인칭인 경우에 쓰이고, '-고 싶어 하다'는 주어가 삼인칭인 경우에 쓰인다.

'-고 싶다' is a expression of hopes and wishes of the first/second person subjects. '-고 싶어 하다' is used when subject is the third person.

나는 비빔밥을 먹고 싶어요.

친구는 불고기를 먹고 싶어해요.

1. 문장을 만들어 보세요.

(1) 저는 고향에 ______________________. (가다)

(2) 저는 여행을 ______________________. (하다)

(3) 친구는 잠을 ______________________. (자다)

(4) 언니는 그림을 ______________________. (그리다)

(5) 저는 춤을 ______________________. (추다)

새단어 _New Words

고향	home town, birth place
춤을 추다	to dance
내년	next year

2. 대화를 만들어 보세요.

(1) 가: 뭐 하고 싶어요?

나: 공원에 ______________________. (가다)

(2) 가: 방학에 뭐 하고 싶어요?

나: 피아노를 ______________________. (배우다)

(3) 가: 뭐 먹고 싶어요?

나: 비빔밥을 ______________________. (먹다)

(4) 가: 동생은 내년에 무엇을 하고 싶어 해요?

나: 한국어를 ______________________. (가르치다)

(5) 가: 친구는 무엇을 하고 싶어 해요?

나: 한국 음식을 ______________________. (만들다)

● V + (으)ㄹ 거예요 (future tense)

동사나 형용사에 붙어 주어가 미래에 어떤 일이 일어날 것을 표현한다. 여기서는 화자가 미래에 어떤 행위를 할 것을 표현한다.

'-(으)ㄹ 거예요' is an expression that something will happen near feature. When a verb ends with a consonant, '-을 거예요' is attached while ends with a vowel or ㄹ final consonant, '-ㄹ 거예요' is attached. When a verb ends specially with a consonant 'ㄹ, 거예요' is attached. For the honorific expression, '-으실/실 거예요.' is attached.

내일 도서관에 갈 거예요.

다음 주에 책을 읽을 거예요.

1. 문장을 바꾸어 보세요.

(1) 내일 서점에서 책을 사다 → ______________________

(2) 이번 주에 친구하고 쇼핑하다 → ______________________

(3) 다음 주에 불고기를 만들다 → ______________________

(4) 오늘 밤에 친구 집에 있다 → ______________________

(5) 주말에 소설책을 읽다 → ______________________

2. 대화를 만들어 보세요.

(1) 가: 내일 뭐 할 거예요?

나: 사무실에서 ______________________.

(2) 가: 언제 프랑스에 갈 거예요?

나: ______________________.

(3) 가: 얼마나 한국에 있을 거예요?

나: ______________________.

(4) 가: 이번 주말에 소풍 갈 거예요?

나: 아니요, ______________________.

(5) 가: 내일 식당에서 무엇을 주문할 거예요?

나: ______________________.

새단어 _New Words	
소설책	novel

● V + 겠 I (Would you like to ~ ?)

'-겠-' 은 미래의 일이나 상태를 나타내는 미래시제 표현이다. 주어가 3인칭이면 추측을 의미하고, 1인칭이면 화자의 의지를 나타낸다. 의문문에서 주어가 2인칭이면 청자의 의향을 나타낸다.
The future tense is used to indicate an action which is going to take palce in the future, or a condition or quality which will exist at some other time. When the subject is a third person, '-겠-' means a guess, and when the subject is a first person, '-겠-' means a determination or intention

어디에 가겠어요?
무엇을 드시겠어요?

1. 문장을 바꾸어 보세요.

(1) 무슨 음식을 먹다 → ____________________

(2) 친구와 만나다 → ____________________

(3) 피자를 주문하다 → ____________________

(4) 책을 사다 → ____________________

(5) 언제 한국어를 배우다 → ____________________

2. 대화를 만들어 보세요.

(1) 가: 무엇을 ____________________? (드시다)
나: 불고기를 먹겠어요.

(2) 가: 누구와 ____________________? (결혼하다)
나: ____________________.

(3) 가: 1년 동안 한국에 ____________________? (살다)
나: 아니요, 다음 주에 고향에 가요.

(4) 가: 이번 주말에 야구장에 같이 __________? (가다)
나: 네, 좋아요.

(5) 가: 제 생일 파티에 ____________________? (오다)
나: 미안해요. 약속이 있어서 못 가요.

새단어 _New Words

파티	party
약속	promise, appointment

활동 Task

Read

- 다음 그림에 맞는 단어를 연결하세요.

1.  • • 짜다

2.  • • 맵다

3.  • • 달다

4.  • • 시다

5.  • • 쓰다

Write

- 그림을 보고 쓰세요.

1. 뭐가 달아요?

   ______________________ 이/가 달아요.

2. 뭐가 매워요?

   ______________________ 이/가 매워요.

3. 뭐가 셔요?

   ______________________ 이/가 셔요.

4. 뭐가 써요?

   ______________________ 이/가 써요.

5. 뭐가 짜요?

   ______________________ 이/가 짜요.

Listen

- 잘 듣고 알맞은 식당을 <보기>에서 고르세요. Track 52

보기 ① 한식당 ② 양식당 ③ 일식당 ④ 중국식당 ⑤ 뷔페식당 ⑥ 햄버거 가게

1. (　　　　　　)　2. (　　　　　　)

3. (　　　　　　)　4. (　　　　　　)

5. (　　　　　　)

새단어 _New Words

한식당	Korean restaurant
양식당	Western restaurant
일식당	Japanese restaurant
중국식당	Chinese restaurant
뷔페식당	buffet
햄버거 가게	hamburger store

Talk

- 다음 메뉴판을 보고 주문해 보세요.

우리 식당

김치찌개	5,000원
된장찌개	5,000원
순두부찌개	4,500원
비빔밥	4,000원
제육덮밥	6,000원
오징어덮밥	5,000원
불고기 정식	10,000원

가: ______ 씨, 뭐 먹고 싶어요?

나: 비빔밥을 먹고 싶어요. ______ 씨는요?

가: 저는 김치찌개를 먹겠어요. 여기요.

다: 네, 뭘 드릴까요?

가: 비빔밥 하나하고 김치찌개 일 인분 주세요.

중국집	
자장면	4,000
짬뽕	5,000
볶음밥	6,000
탕수육	17,000
만두	4,000

양식당	
샐러드	16,500
스파게티	16,900
스테이크	28,500

피자집	
콤비네이션	22,900
치즈피자	17,900
베이컨피자	17,900
포테이토피자	22,900
콜라	2,500

햄버거	
불고기버거	3,900
치즈버거	2,200
새우버거	3,000
치킨버거	2,900

새 단어 _New Words

메뉴판 menu
1 인분 portion for one person

Listen

- 다음을 듣고 알맞은 답을 쓰세요. Track 53

1. 무엇을 주문합니까? ______________________
2. 어디에서 무엇을 주문합니까? ______________________
3. 무엇을 마시고 싶어 합니까? ______________________

Read

- 한국 음식을 만들어 볼까요? 다음을 읽고 질문에 답하세요.

여러분 안녕하세요?

오늘은 불고기를 만들겠습니다.

소고기와 채소, 양념을 준비해 주세요.

간장, 설탕, 참기름, 파, 양파, 마늘로 양념을 만들어요.

소고기를 썰고 나서 양념을 넣으세요.

그리고 프라이팬에 구우세요.

1. 지금 무슨 음식을 소개합니까?

____

2. 이 음식에는 무엇이 필요합니까?

____

3. 이 음식은 어떻게 만듭니까?

____

새단어 _New Words

소고기	beef
채소	vegetable
간장	soy[soya] sauce
설탕	sugar
참기름	sesame oil, gingili
파	green onion
양파	onion
마늘	garlic
썰다	to slice
프라이팬	frying pan
굽다(구워요)	to roast, broil
소개하다	to introduce
재료	material, ingredients
필요하다	to be necessary

Write

- 여러분 고향에는 어떤 음식이 있습니까? 고향 음식을 만드는 방법을 소개해 주세요. 그림이나 사진도 보여주세요.

문화 Cultural Notes

식사 예절

Table Etiquette

In Korea, daily meal is simple which consists of plain rice, a soup and a few side dishes while festival food is far more complicated and delicate. Traditionally during holidays, special food are served in order to celebrate the special occasions. In Korean culture, when you are dining with someone who is older than you, you should wait them until they start to eat, after the end of the meal, both chopsticks and spoon should be returned to their original position. When drinking, you should refill his or her glasses and never fill your glass by yourself.

LESSON 10

계절과 날씨

Season and Weather

Goals

학습목표 | Objectives

계절과 날씨 설명하기
일기 예보를 이해하기
Explaining a weather and a season
Understanding weather forecast

문법 | Grammar

V + 지만 (but, although)
V + 기 때문에 (because)
V + 네요 (exclamatory ending)
V + 겠 II (supposional ending)

활동 | Task

그림을 보고 다양한 날씨 표현하기
Describing seasons and weathers by using various pictures

좋아하는 계절 말하기
Talking about a season

Yuki and Honawood are talking about various seasons

Listen Track 54

유키	호나우두 씨, 무슨 계절을 좋아해요?	Honawood, which season do you like the most?
호나우두	가을을 좋아해요. 날씨가 시원하고, 단풍이 아름다워요.	I like Autumn. The weather is refreshing and autumn color leaves are beautiful.
	유키 씨는 무슨 계절을 좋아해요?	How about you?
유키	저는 겨울을 좋아해요.	I like winter.
호나우두	저는 추워서 겨울이 싫어요.	I don't like winter because it is cold.
유키	날씨가 춥지만 눈이 와서 좋아요.	The weather is cold but because we have snow, I like winter.

새단어 _New Words

계절	season	시원하다	to be cool, to be refreshing	춥다	to be cold
가을	fall, autumn	아름답다	to be beautiful	눈	snow
날씨	weather	겨울	winter		

장마철
The rainy season

Lingling and Minho are talking about rainy season

Listen Track 55

링링	오늘은 날씨가 너무 덥네요.	Today, the weather is hot and humid.
	한국의 여름은 언제부터 언제까지예요?	When is the summer in Korea?
민호	6월부터 8월까지예요.	It starts from June and ends at August.
	6월은 장마철이기 때문에 비가 많이 와요.	Because of the rainy season, it rains a lot in June.
링링	그럼 9월은 날씨가 어때요?	How about the weather in September?
민호	9월은 시원하고 날씨가 맑아요.	In September, the weather is refreshing and clear.

새단어 _New Words

덥다	to be hot (weather)	장마철	rainy season
여름	summer	맑다	to be fine, to be clear (weather)

일기 예보
Weather forecast

Weather forecaster announces weather

Listen
Track 56

오늘의 날씨입니다.	Let me announce today's weather.
오늘은 대체로 맑고 따뜻하겠습니다.	Today it will be generally clear and warm.
오전에는 약간 안개가 있겠고 오후에는 맑겠습니다.	In the morning, it will be foggy but it will be clear in the afternoon.
아침 기온은 영상 15도, 오후에는 영상 20도까지 오르겠습니다.	The morning temperature will be fifteen degrees above zero and will rise up to twenty degrees above zero in the afternoon.
내일도 맑겠습니다. 그렇지만 바람이 많이 불겠습니다.	Tomorrow will be a fine day but there will be strong wind.
이상 기상 캐스터 박은선이었습니다.	This is weather forecaster Park Eun Seon.

새단어 _New Words

대체로	generally, mostly, overall	영상	degrees above zero	바람	wind
따뜻하다	to be warm	15도	fifteen degrees above zero	이상	beyond, above, this is all
약간	a little, a bit	오르다	to rise, to go up	기상 캐스터	weather caster
안개	fog, mist	그렇지만	but, though, nevertheless, however		
기온	temperature				

발음 Pronunciation

겹받침 'ㄺ' 뒤에 자음 'ㄱ'이 오면 받침 'ㄺ'은 [ㄹ]로 발음하고 자음 'ㄱ'은 [ㄲ]로 발음한다.
After the double consonants of 'ㄺ', consonant 'ㄱ' comes, it is pronounced as [ㄹ] while the sound of 'ㄱ' is changed to the sound of [ㄲ].

맑겠습니다[말께씁니다/말껟씁니다]

• 다음을 읽어보세요.

읽고　　맑고　　읽기　　늙고

어휘 Vocabulary

날씨(Weather)

구름(이 끼다)	cloud
눈(이 오다, 내리다)	snow
바람(이 불다)	wind
비(가 오다, 내리다)	rain
안개(가 끼다)	fog, mist
해	sun
덥다	to be hot (weather)
따뜻하다	to be warm
시원하다	to be cool, to be refreshing (weather, drink)
선선하다	to be cool, to be refreshing (weather)
쌀쌀하다	to be chilly, to be nippy
춥다	to be cold
맑다	to be fine, to be clear (weather)
흐리다	to be cloudy
개다	to clear up
장마철	rainy season

계절 (Seasons)

봄	spring
여름	summer
가을	fall, autumn
겨울	winter

문법 Grammar Focus

● V + 지만 (but, although)

앞의 상황이나 내용과 대립되는 상황이나 내용이 뒤에 이어질 때 사용한다.
'-지만' indicates the meaning of 'but, although'.

덥다	덥 + 지만	덥지만
하다	하 + 지만	하지만

김치는 맵다 ↔ 김치는 맛있다 ⇒ 김치는 **맵지만** 맛있어요.
한국어는 어렵다 ↔ 한국어는 재미있다 ⇒ 한국어는 **어렵지만** 재미있어요.
친구는 학교에 갔다 ↔ 나는 안 갔다 ⇒ 친구는 학교에 **갔지만** 저는 안 갔어요.

1. '-지만'을 이용해서 두 문장을 한 문장으로 만들어 보세요.

(1) 친구는 바쁘다 ↔ 저는 안 바빠요.

→ ______________________________

(2) 오빠는 키가 크다 ↔ 언니는 키가 작아요.

→ ______________________________

(3) 친구는 운전을 잘 하다 ↔ 나는 잘 못해요.

→ ______________________________

(4) 어제는 날씨가 추웠어요. ↔ 오늘은 날씨가 더워요.

→ ______________________________

(5) 지난주에는 돈이 많았어요. ↔ 이번 주에는 돈이 없어요.

→ ______________________________

2. 그림을 보고 문장을 만들어 보세요.

보기 이 산은 높지만 저 산은 낮아요.

(1)

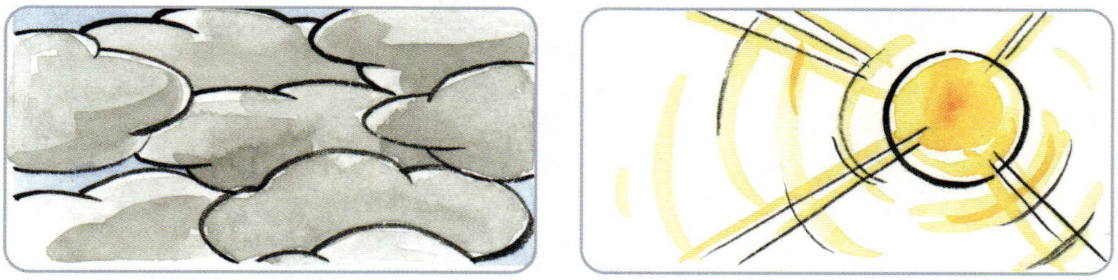

어제는 날씨가 ________________ 오늘은 ______________.

(2)

서울은 ________________ 호주는 ______________.

(3)

서울 길은 ________________ 시골 길은 좁아요.

(4)

남자 가방은 ________________ 여자 가방은 ______________.

(5)

커피는 ________________ 주스는 ____________.

새단어 _New Words

높다	to be high
낮다	to be low
넓다	to be wide
좁다	to be narrow
무겁다	to be heavy
가볍다	to be light
뜨겁다	to be hot, to be heated
차갑다	to be cold, to be chilly, to be icy

● V + 기 때문에 (because)

선행절이 이유나 원인이 됨을 나타낼 때 사용한다.

'-기' is used to transfer a verb or an adjective into a noun. '때문에' means 'the reason' and this appears after '-기'. '-기 때문에' refers to a cause or reasonal sequences.

말하다	말하기 때문에
듣다	듣기 때문에
비싸다	비싸기 때문에

감기에 걸렸어요. + 숙제를 못 했어요. → 감기에 **걸렸기 때문에** 숙제를 못 했어요.

숙제가 많아요. + 놀 수가 없어요. → 숙제가 **많기 때문에** 놀 수가 없어요.

새단어 _New Words

감기(에 걸리다) cold, flu (to catch)

1. 문장을 연결해 보세요.

(1) 바람이 불어요. + 더 추워요.

→ ____________________

(2) 이 백화점 사람들은 친절해요. + 이 백화점에 자주 가고 싶어요.

→ ____________________

(3) 친구는 불고기를 정말 좋아해요. + 매일 한식당에 가요.

→ ____________________

(4) 언니는 열심히 공부했어요. + 시험에 합격했어요.

→ ____________________

(5) 저는 매일 그림 연습을 해요. + 그림을 잘 그려요.

→ ____________________

새단어 _New Words

친절하다	to be kind, to be nice
매일	every day

2. 대화를 만들어 보세요.

(1) 가: 아버지는 요즘 왜 바쁘세요?

나: ____________ 바쁘세요. (일이 많다)

(2) 가: 언니는 왜 노래 연습을 많이 해요?

나: ____________ 열심히 노래를 연습해요. (가수가 되고 싶어하다)

(3) 가: 링링 씨는 다음 주에 왜 중국에 가요?

나: ____________ 중국에 가요. (어머니 생신이다)

(4) 가: 호나우두 씨는 왜 학교에 늦었어요?

나: ____________ 학교에 늦었어요. (늦잠을 잤다)

(5) 가: 친구는 왜 지난주에 소풍을 못 갔어요?

나: ____________ 일어날 수 없었어요. (독감에 걸렸다)

새단어 _New Words

합격하다	to pass an exam
생신	birthday (honorific expression of 생일)
늦잠 (을 자다)	oversleeping (to get up late)
독감 (에 걸리다)	influenza, the flu, a bad cold (to catch)

● V + 네요 (exclamatory ending)

형용사나 동사에 붙여 화자가 직접 경험하여 새롭게 알게 된 사실에 대해 놀라거나 감탄할 때 사용한다.

The sentence ending '–네요' indicates the speaker's emotional reaction when taking a new information. It is usually attached after an adjective or a verb

오다	오 + 네요	오네요
춥다	춥 + 네요	춥네요

비가 많이 오네요.
오늘 날씨 정말 춥네요.

1. 그림을 보고 문장을 만들어 보세요.

(1) 

지금 ____________________

(2) 

아기가 ____________________

(3) 

바람이 ____________________

(4) 

친구는 춤을 정말 잘 __________

(5) 

이 영화는 정말 ____________

(6) 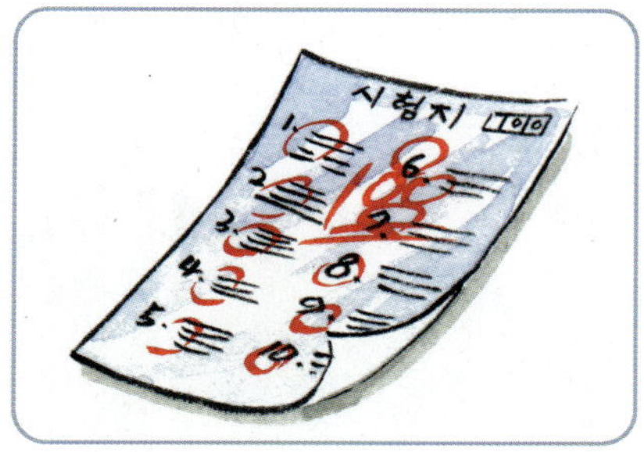

공부를 열심히 ____________

2. 대화를 만들어 보세요.

(1) 가: 지금 날씨가 어때요?

나: 날씨가 ______________________. (춥다)

(2) 가: 친구는 지금 밖에서 뭐 해요?

나: 운동을 ______________________. (하다)

(3) 가: 저는 이번 시험에 100점 받았어요.

나: 와! 정말 공부를 ______________. (잘하다)

(4) 가: 저 친구 노래는 어때요?

나: 정말 잘 ______________________. (부르다)

새단어 _New Words	
와	wow, oh

● V+겠 II (suppositional ending)

동사나 형용사에 붙여 어떤 일을 추측하여 표현할 때 사용한다. '–겠–' is used to express the speaker's guess. It is usually attached after a verb or an adjective. It can be interpreted as 'I guess, you might be/ it will be'.

일이 많아서 **피곤하겠어요.**

이 음식은 정말 **맛있겠어요.**

내일은 날씨가 **맑겠습니다.**

1. 그림을 보고 내일 날씨를 써 보세요.

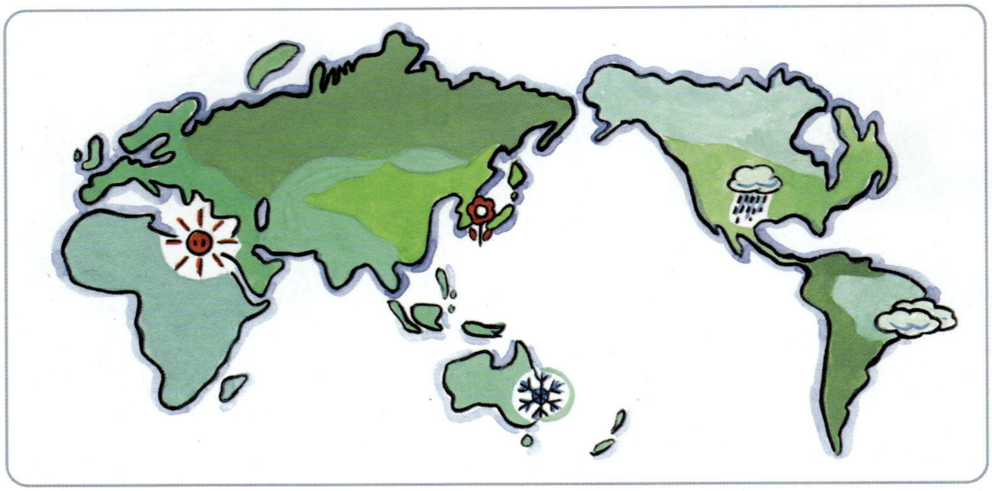

(1) 미국은 내일 ______________________________.

(2) 브라질은 내일 ______________________________.

(3) 호주는 내일 ______________________________.

(4) 이집트는 내일 ______________________________.

(5) 한국은 내일 ______________________________.

2. 대화를 만들어 보세요.

(1) 가: 오늘 저녁을 많이 먹었어요.

나: 지금 많이 ____________________. (배부르다)

(2) 가: 반에서 일등을 했어요.

나: 축하해요. ____________________. (기분이 좋다)

(3) 가: 매일 일이 너무 많아요.

나: 정말 ____________________. (바쁘다)

(4) 가: 어제 이사를 했어요.

나: ______________________________. (피곤하다)

(5) 가: 친구가 선물을 보냈어요.

나: ______________________________.(행복하다)

새단어 _New Words

피곤하다	to be tired
반	a class, a team
일등(하다)	the first rank , the first place(to get)
기분이 좋다	to feel good
행복하다	to be happy

활동 Task

Talk

1 오늘 날씨가 어때요? 말해 보세요.

보기 가: 날씨가 어때요?
나: 날씨가 맑아요.

1. 

2. 

3. 

4. 

5. 

6. 

2 친구와 이야기해 보세요.

보기

가: 무슨 계절을 좋아해요?

나: 저는 가을을 좋아해요.

가: 왜 좋아해요?

나: 날씨가 선선해서 좋아해요.

이름	계절	이유
1.		
2.		
3.		

(친구들끼리 돌아가면서 물어보고 쓴 후 그것을 문장으로 만든다.)

1. ____________________

2. ____________________

3. ____________________

새 단어 _New Words

꽃 (이 피다)	flower (to bloom)
단풍 (이 들다)	a maple (to turn red)
선선하다/ 시원하다	to be cool
쌀쌀하다	to be chilly

Write

- 그림에 맞는 표현을 골라 쓰세요.

다음은 전국의 날씨를 나타낸 그림입니다. 그림을 보고 알맞게 쓰세요.

도시	날씨	온도
서울		
강릉		
대전		
광주		
부산		
제주도		

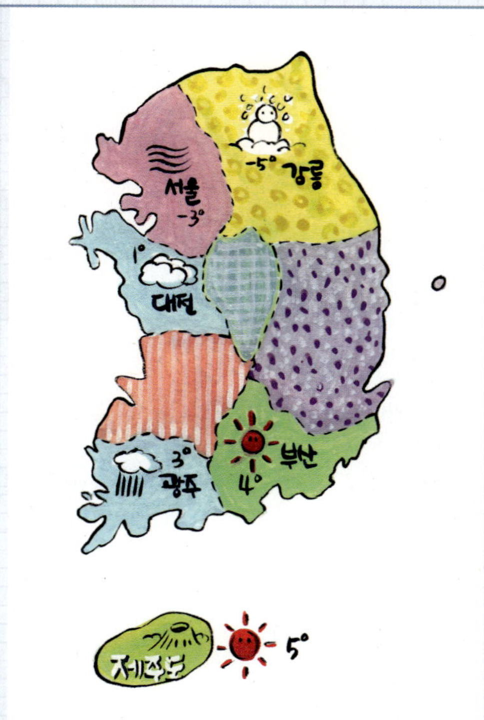

새단어 _New Words	
전국	all parts of the country
도시	city
온도	temperature
영상	degrees above zero
영하	degrees below zero

Talk

- 앞의 그림과 표를 보고 친구와 이야기해 보세요.

보기

가: 서울의 날씨는 어때요?

나: 서울은 바람이 불고 추워요.

기온은 영하 3도예요.

Listen

1 다음은 일기 예보입니다. 잘 듣고 알맞은 것을 고르세요. Track 57

1. 오늘의 날씨는 어때요?

①

②

③

④

2. 아침 기온은 몇 도예요?

① 영상 5도
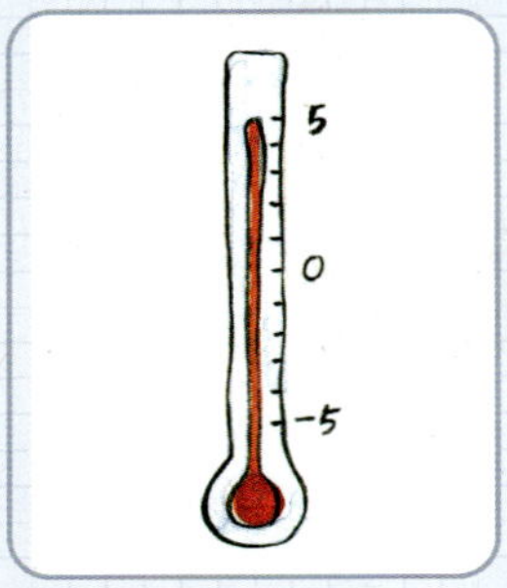

② 영상 1도
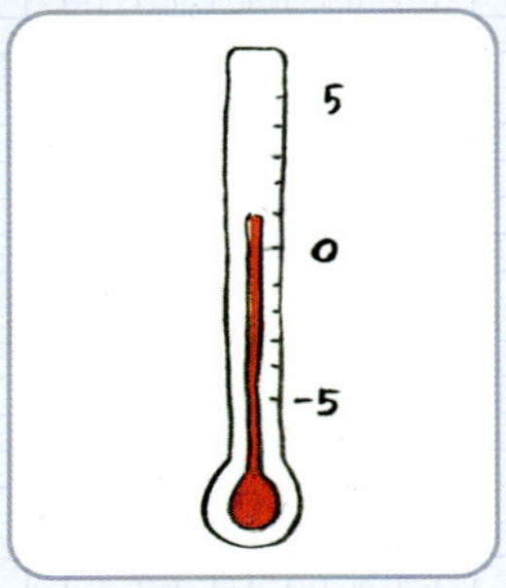

③ 영하 1도
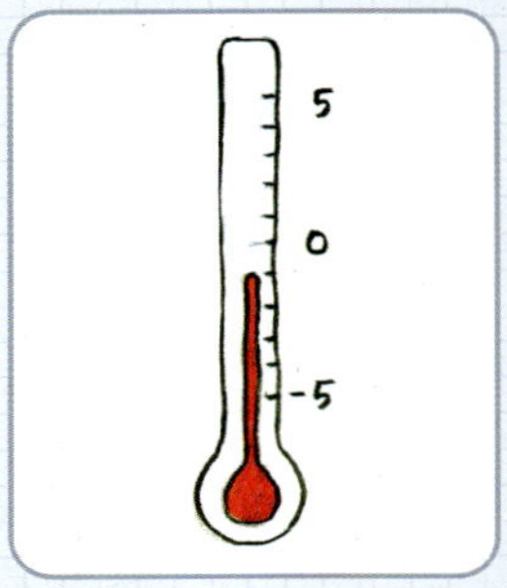

④ 영하 5도
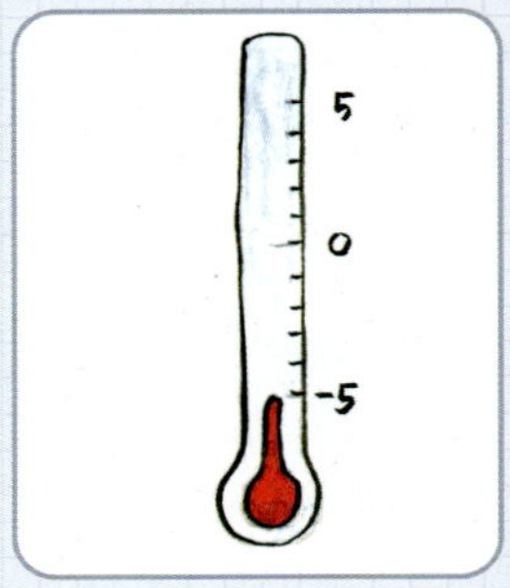

2 잘 듣고 빈 칸에 알맞게 쓰세요. Track 58

내일은 오전에는 ______________________.

그렇지만 오후에는 바람이 ________________.

Write

1 여러분 나라의 계절에 대해 써 보세요.

1. 여러분 나라에는 어떤 계절이 있습니까?

2. 계절의 날씨는 어떻습니까?

3. 그 계절에 무슨 일을 많이 합니까?

2 친구들 고향과 여러분 고향을 비교해서 써 보세요.

블라디 씨의 고향은 러시아예요.
러시아는 정말 추워요.
우리 고향은 겨울에 영하 10도지만 바람이 불지 않아요.
러시아는 겨울에 아주 춥고 바람이 불어요.
기온은 영하 35도예요.

새단어 _New Words

더	more

문화 **Cultural Notes**

한국의 계절

Seasons of Korea

Korea has four seasons and each season has been distinctive and last about three month over past decade. Autumn is the best time of year in Korea. The weather is pleasantly warm and sunny. The leaves change colors beautifully and harvesting begins. Chuseok, Korean Thanksgiving, is one of the precious occasion for Koreans. One of the most important autumn events is making Kimchi for winter being. Families get together to prepare for Kimchi.

봄

여름

가을

겨울

Goals

LESSON 11

초대와 축하

Invitation and Celebration

학습목표 | Objectives

한국의 전통적인 행사를 알기
초대와 축하의 메시지를 표현하기
Understanding traditional Korean occasion
Expressing invitation and celebration message

문법 | Grammar

V + 아/어/여서 II (and then)
V + 아/어/여도 돼요?/돼요. (can I~?/can)
V + (으)ㄹ게요 (I will~)

활동 | Task

초대장 만들기
한국 문화 이해하기
Making invitation card
Understanding Korean culture

결혼식 초대하기
Inviting at Wedding Ceremony

Vera invites Jiseon to her wedding ceremony

Listen Track 59

베라	지선 씨, 저 다음달에 결혼해요.	Jiseon, I am getting married next month.
지선	어머, 축하해요. 결혼식은 언제예요?	Oh, congratulations! When will you marry?
베라	다음달 5일이에요. 여기 청첩장이 있어요. 꼭 오세요.	Next month, on the 5th. Here is the invitation card. Please come to my wedding.
지선	알았어요. 결혼식에 꼭 갈게요. 초대해줘서 고마워요. 신혼여행은 어디로 가세요?	Thank you for inviting me. I will go to your wedding. Where will you go for the honeymoon trip?
베라	제주도로 갈 거예요.	I will go to Jeju island.
지선	행복하세요. 결혼식 때 만나요.	Be happy. I will see you on your wedding day.

새단어 _New Words

결혼하다	to marry, to get married	결혼식	wedding ceremony	초대하다	to invite
어머	Oh, Oh my goodness!, Good gracious!	청첩장	wedding invitation card	신혼여행	honeymoon trip
축하하다	to congratulate, to celebrate	꼭	certainly, surely, without fail	제주도	Jeju island
				꼭 오세요.	Please be sure to come.

집들이하기
Housewarming party

Vera invites friends to her house

Listen

Track 60

베라	어서 오세요. 들어오세요.	Welcome. Please come on in.
지선	안녕하세요? 집들이 선물이에요. 세제하고 휴지예요.	Hello. How are you? These are presents for the housewarming party. These are detergents and tissues.
베라	고마워요.	Thank you.
링링	집이 참 예쁘네요. 집 구경 좀 해도 돼요?	Your place is great! May I look around?
베라	여기는 서재고, 저기는 침실이에요.	This is a room used as a study and over there that room is the bedroom.
베라 남편	이쪽으로 와서 음식 좀 드세요.	Please come here and help yourself.

새 단어 _New Words

집들이	housewarming party	구경하다	to look on, to see the sights	들어오세요.	Please, come in.
참	really	서재	a room used as a study	음식 좀 드세요.	Help yourself, please.
세제	detergent, cleanser	침실	bedroom		
휴지	tissues				

돌잔치
First birthday parties

Soyeong explains about first birthday parties in Korea

Listen (Track 61)

소영	유키 씨, 토요일에 우리 아기 돌잔치가 있어요.	Yuki, We have a doljanchi for my baby this Saturday.
유키	돌잔치가 뭐예요?	What is a doljanchi?
소영	아기의 첫 번째 생일잔치예요.	It's the first birthday party for a baby.
유키	정말 축하해요. 그런데 돌잔치 때 뭐 해요?	Congratulations. What do you do for doljanchi?
소영	가족 사진을 찍어요. 그리고 돌잡이가 있어요. 정말 재미있어요.	We usually take pictures with family. And we have doljabi. It is very fun.
유키	그래요? 친구하고 같이 가도 돼요?	Really? May I go there with my friend?
소영	그럼요. 같이 오세요.	Sure. You can bring your friends.

새단어 _New Words

아기	baby
돌잔치	first birthday party
생일잔치	birthday party
한복	traditional Korean clothes
돌잡이	doljabi: a baby's selection of his preference from among his first birthday presents

발음 Pronunciation

받침 'ㅂ' 뒤에 자음 'ㄱ, ㄷ, ㅂ, ㅅ, ㅈ'가 오면 뒷소리가 된소리 [ㄲ, ㄸ, ㅃ, ㅆ, ㅉ]로 발음된다.
After the final consonants of 'ㅂ', other consonants of 'ㄱ, ㄷ, ㅂ, ㅅ, ㅈ' come, they are pronounced as tensified like [ㄲ, ㄸ, ㅃ, ㅉ, ㅆ].

집들이[집뜨리]

• 다음을 읽어보세요.

답가　　덥다　　덮밥　　밥상　　밥집

어휘 Vocabulary

가족 행사 (occasion/ ceremony)

결혼식	wedding ceremony
집들이	house warming party
백일잔치	party given to 100 day old baby
돌잔치	first birthday party
생일파티	birthday party
환갑잔치	one's 60th birthday party
팔순잔치	one's 80th birthday party

문법 Grammar Focus

● V + 아/어/여서 II (and then)

선행절에 '-아/어/여서'가 연결되면 후행절보다 앞선 행동을 나타내어 후행절을 하기 위한 방법이나 예비적인 조건의 의미를 표현한다.
Ending '-아/어/여서' is used to conncect two sentences. The preceding sentence occurs firstly and then the next occurs.

학교에 갔어요. 공부를 했어요. → 학교에 가서 공부를 했어요

사과를 샀어요. 먹었어요. → 사과를 사서 먹었어요.

1. 다음 문장을 연결해 보세요.

(1) 백화점에 가요. 옷을 사고 싶어요.

→ ______________________________

(2) 자동차를 살 거예요. 운전을 할 거예요.

→ ______________________________

(3) 불고기를 만들었어요. 먹었어요.

→ ______________________________

(4) 친구를 만나요. 노래방에 갈 거예요.

→ ______________________________

(5) 일찍 일어났어요. 학교에 갔어요.

→ ______________________________

새단어 _New Words	
포도	grape
씻다	to wash

2. 다음 그림을 보고 대화를 만들어 보세요.

(1) 가: 어제 뭐 했어요?

나: 친구를 ________ 같이 축구했어요. (만나다)

(2) 가: 주말에 뭐 할 거예요?

나: 수영장에 _____ 수영할 거예요. (가다)

(3) 가: 비빔밥을 먹고 싶어요.

나: 그래요? 그럼 우리 집에서 비빔밥을 _____ 먹을까요? (만들다)

(4) 가: 포도가 맛있겠어요.

나: 안 씻었어요. ________ 드세요. (씻다)

(5) 가: 링링 씨가 언제 와요?

나: 10분 후에 올 거예요. 잠깐 ________ 기다리세요. (앉다)

● V + 아/어/여도 돼요?/돼요. (can I~?/can)

어떤 행위나 상태에 대한 허락이나 허용을 나타낼 때 사용한다.

'–어/아/여도 돼요' is used for expressing a permission or acceptance for a certain action or a condition.

가다	가 + 아도 되어요	가도 돼요
받다	받 + 아도 되어요	받아도 돼요
먹다	먹 + 어도 되어요	먹어도 돼요
하다	하 + 여도 되어요	해도 돼요

1. 문장을 만들어 보세요.

(1) 집에 가다 → ______________________

(2) 이 음식을 먹다 → ______________________

(3) 이 물을 마시다 → ______________________

(4) 창문을 열다 → ______________________

(5) 지금 핸드폰을 사용하다 → ______________________

2. 다음 대화를 만들어 보세요.

(1) 가: 이 컴퓨터를 ______________________? (사용하다)

나: 그럼요. 사용해도 돼요.

(2) 가: 선생님, 지금 화장실에 ______________________? (가다)

나: 네, 그러세요.

(3) 가: 쉬는 시간에 커피를 ______________________? (마시다)

나: 네. 마셔도 돼요.

(4) 가: 영화관에서 팝콘을 ______________________? (먹다)

나: 네, 드셔도 돼요.

(5) 가 : 박물관에서 ______________________? (사진을 찍다)

나 : 안돼요.

새단어 _New Words

열다	to open
핸드폰	cellular phone, mobile phone
사용하다	to use
화장실	toilet, bathroom, rest-room
팝콘	pop corn
박물관	museum
사진을 찍다	to take a photo

● V + (으)ㄹ게요 (I will~)

청자에게 어떤 행동을 할 것을 약속할 때 사용한다. 동사 어간이 자음으로 끝나면 '-을게요'를 사용한다. (ex. 먹을게요. 잡을게요) 동사 어간이 모음이나 'ㄹ'로 끝나면 '-ㄹ게요'를 사용한다. (ex. 갈게요. 할게요. 불게요 (불+ㄹ게요 → 불게요). 일인칭에만 쓰인다.

The sentence ending '-(으)ㄹ게요' expresses the speaker's promise or assurance for the listener's sake. When it ends with a consonan '-을게요' is used while ends with a vowel or ㄹ final consonant, '-ㄹ 게요' is used.

가다	가 + ㄹ게요	갈게요
먹다	먹 + 을게요	먹을게요
만들다	만들 + 을게요	만들게요

결혼식에 꼭 **갈게요.**

제가 책을 **읽을게요.**

오늘 요리는 제가 **만들게요.**

1. 문장을 만들어 보세요.

(1) 열심히 숙제하다 → ______________________

(2) 자주 전화하다 → ______________________

(3) 일찍 오다 → ______________________

(4) 아침을 먹다 → ______________________

(5) 생일파티를 준비하다 → ______________________

2. 다음 대화를 만들어 보세요.

(1) 가: 숙제를 안 하면 안돼요.

나: 알겠습니다. 내일부터 열심히 ____________.

(2) 가: 연락을 자주 해 주세요.

나: 네, 자주 ______________________.

(3) 가: 담배는 몸에 나빠요. 담배를 끊으세요.

나: 알겠습니다. ______________________.

(4) 가: 누가 생일 선물을 살 거예요?

나: 제가 ______________________.

(5) 가: 다음 주에 시험이 있어요. 열심히 공부하세요.

나: 네, 선생님. ______________________.

새단어 _New Words

연락(하다)	contact, communication (to make)
담배(를 피우다)	tobacco, cigarette (to smoke)
나쁘다	to be bad, to be harmful
끊다	to cut, to quit

활동 Task

Listen

- 잘 듣고 맞으면 ○, 틀리면 ✕ 하세요. Track 62

1. 호나우두 씨가 선생님 댁에 갑니다. (　　　)
2. 보통 집들이 선물에 비누, 휴지도 괜찮습니다. (　　　)
3. 호나우두 씨 친구는 꽃을 안 좋아합니다. (　　　)
4. 호나우두 씨는 집들이 선물로 비누를 샀습니다. (　　　)

Talk

- 주말에 반 친구가 집들이를 합니다. 무엇을 선물할 거예요? 이유는 뭐예요?

친구들과 이야기해 보세요.

이름	선택 이유	선물
호나우두	지선 씨가 꽃을 좋아해요.	그래서 꽃을 선물할 거예요.

새단어 _New Words

이사(를 하다)	moving (to change one's residence)
보통	usually
비누	soap

Listen

- 잘 듣고 무슨 내용인지 이야기해 보세요. Track 63

1. 남자는 지난주에 어디에 갔어요?

____

2. 무엇이 제일 재미있었어요?

____

3. 연필을 잡으면 아기는 어떻게 돼요?

____

4. 돌잡이 물건을 3개 골라 보세요. 그 물건은 어떤 의미가 있을까요?

____

물건 이름	의미

새단어 _New Words

잡다	to hold, to take, to grasp
의미	meaning
물건	thing, object
초대장	invitation (card)
시간(이 있다)	time (to have a time)
준비물	my material, things that you will need
약혼식	engagement ceremony
드림	with_: use the end of letter to respect person (Verb드리다 transfer to Noun by attaching noun suffix ㅁ)
집다	to pick

Read

• 대화를 읽고 초대장을 만들어 보세요.

데이비드:	링링 씨, 이번 토요일에 시간 있어요?
링링:	네, 있어요. 왜요?
데이비드:	토요일에 제 생일 파티를 할 거예요.
링링:	그래요? 생일 축하해요. 어디에서 파티를 해요?
데이비드:	집에서 할 거예요. 오시겠어요?
링링:	그럼요. 꼭 가겠어요. 초대해 줘서 고마워요. 몇 시에 갈까요?
데이비드:	오후 다섯 시에 시작해요. 그런데 일찍 오셔도 돼요.

초대장

_________ 씨를 제 생일 파티에 초대합니다.

• 언제 : _________요일 _________시

• 어디에서 : _________

데이비드 드림

• 여러분도 친구를 초대해 보세요. (결혼식, 약혼식, 집들이, 생일 파티 등)

초대장

_________ 씨를 제 _________에 초대합니다.

• 언제 : _________요일 _________시

• 어디에서 : _________

• 준비물 : _________

_________ 드림

Write

- 내일은 친구 집에서 파티를 해요. 친구들과 준비해 보세요.

_______________ 파티 계획

	무엇	누가
음식		
음료		
필요한 물건		
장소		
날짜		

〈파티 진행순서〉

Read

• 다음을 읽고 답해 보세요.

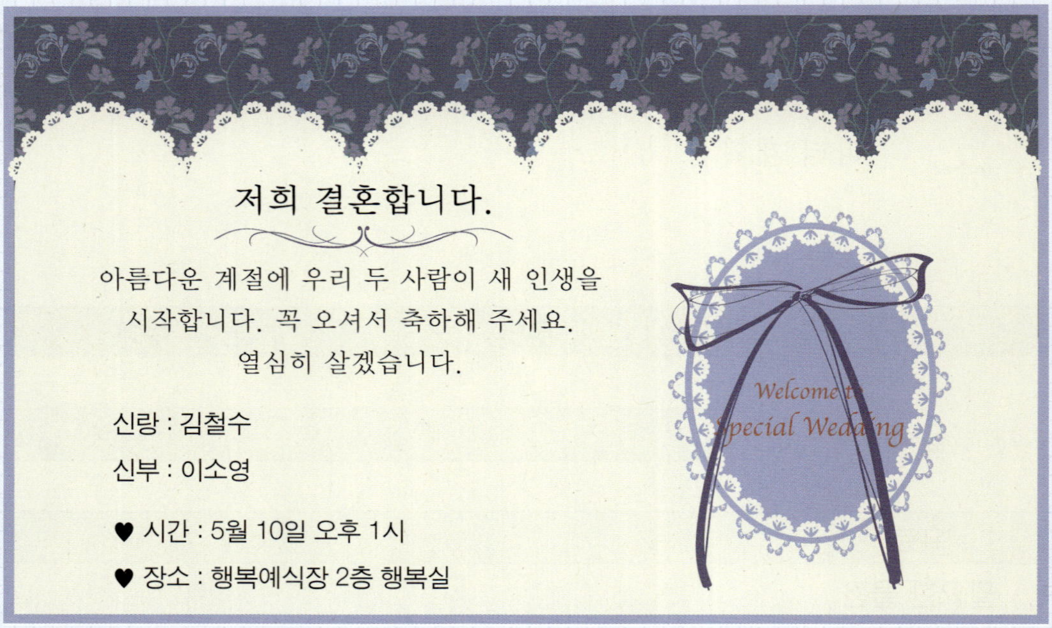

저희 결혼합니다.

아름다운 계절에 우리 두 사람이 새 인생을
시작합니다. 꼭 오셔서 축하해 주세요.
열심히 살겠습니다.

신랑 : 김철수

신부 : 이소영

♥ 시간 : 5월 10일 오후 1시

♥ 장소 : 행복예식장 2층 행복실

1. 위의 초대장은 무슨 날 때문에 만들었습니까?

____

2. 신랑 신부의 이름은 어떻게 됩니까?

____

3. 결혼식은 언제 어디에서 합니까?

____

새단어 _New Words

송년회	year-end party
계획	plan
음료	a beverage, a drink
진행 순서	progress, procedure
새	new
인생	life
꼭	surely, certainly
신랑	(bride)groom
신부	bride
예식장	wedding hall

Read

- 읽고 쓰세요.

한국에서는 아기가 한 살이 되면 잔치를 합니다.
잔치 이름은 돌잔치입니다.
이 날 가족과 친구들이 함께 생일을 축하합니다.
사진을 찍고 돌잡이를 합니다.
돌잡이 상에서 아기는 연필, 돈, 실, 쌀 등을 잡습니다.
여러분 나라에서도 돌잔치를 합니까?

1. 잔치 이름이 뭐예요? ______________________
2. 언제 해요? ______________________
3. 아기는 무엇을 해요? ______________________

새단어 _New Words

실	thread
쌀	rice
특별하다	to be special

- 여러분 나라의 특별한 잔치에 대해 써 봅시다.
그리고 사진을 보여 주면서 친구들과 이야기해 보세요.

- 잔치 이름 : ______________________
- 시간 : ______________________
- 장소 : ______________________
- 음식 : ______________________
- 하는 일 : ______________________
____
- 재미있는 일 : ______________________

문화 **Cultural Notes**

한국의 전통 결혼식
Korean Wedding

Korean wedding shows two images-modern and traditional. Modern Korean weddings are like western wedding. Bride wears a western style white dress and the groom wears a black suit. After the ceremony, groom and bride move to the next room which is decorated traditional style. Bride and groom change their clothes to Hanbok and then bow down to their family members and relatives. Invited guests usually give congratulatory money as a custom. They give money gift for blessing bride and groom's wedding.

LESSON 12

우체국과 은행

Post office and Bank

Goals

학습목표 | Objectives

우체국에서 편지와 소포 부치기
은행에서 돈을 바꾸고 통장을 만들기
Sending parcels and letters at a post office
Exchanging money and making an account number

문법 | Grammar

N + 에게, 한테, 께 (to, at, for)
V + (으)러 가다/오다 (go/come in order to)
V + 아/어/여야 되다 (must)
V + (으)면 안 되다 (can' t)
N + (이)나 (or)

활동 | Task

엽서 보내기
현금인출기(ATM) 사용하기
Sending a postcard
Using ATM machine

우체국에서 소포 보내기
At Post office

David sends a parcel at the post office

Listen Track 64

직원	어떻게 오셨어요?	How can I help you?
데이비드	소포를 부치러 왔어요.	I want to send this parcel.
직원	어디에 보내실 거예요?	Where do you want to send it?
데이비드	미국으로 보낼 거예요. 얼마나 걸려요?	To the U.S. How long does it take?
직원	비행기로 일주일 걸리고, 배로 두 달 걸려요.	It takes a week by airmail and two months by ship.
데이비드	그럼 비행기로 보내 주세요. 친구가 다음 주까지 받아야 돼요.	Please, send it by airmail. My friend has to receive it by next week.
직원	지금 보내시면 다음 주까지 받으실 수 있어요.	He will be able to have it by next week.

새단어 _New Words

소포	parcel	어떻게 오셨어요?	How can I help you?
부치다/보내다	to send		

은행에서 환전하기
Exchanging money at a bank

Yuki exchanges money at a bank

Listen
Track 65

직원	안녕하세요? 무엇을 도와 드릴까요?	Hello. What can I do for you?
유키	네. 안녕하세요. 엔화를 환전하고 싶어요.	Yes. Hello. I want to change the yen (currency).
직원	오늘 엔화 환율은 1,300원입니다.	Exchange rate of the yen is 1,300 won.
유키	그래요? 저는 10,000엔을 바꾸고 싶어요.	Yes. I want to exchange 10,000 yen.
직원	알겠습니다. 여권이나 외국인등록증을 보여 주세요.	O.K. Please show me your passport or foreign registration.
유키	여기 여권 있습니다.	Here is the passport.

새단어 _New Words

환전하다	to exchange money
엔화	the yen
환율	exchanging rate
여권	passport
외국인등록증	foreigner registration
보여 주다	to show
무엇을 도와드릴까요?	What can I do for you?
엔화를 환전하고 싶어요.	I want to change the yen (currency).

송금하기
Sending money

Honawood is sending money at a bank

Listen
Track 66

	(번호표를 뽑고 순서를 기다린다. 자기 번호를 부르면 직원에게 간다.)	(Honawood takes a number and waits at a bank. After confirming a number, he goes to a staff member.)
직원	어서 오세요? 무엇을 도와 드릴까요?	Welcome. What can I do for you?
호나우두	부모님께 돈을 보내고 싶어요.	I want to send money to my parents.
직원	여기 신청서에 통장 번호와 금액을 쓰세요.	Please write your account number and the amount of money.
호나우두	여기 다 썼어요.	I wrote it here. Here it is.
직원	여권도 주세요.	Please, give me your passport too.
호나우두	여권이 없으면 안돼요?	I don't have a passport.
직원	외국인 등록증도 괜찮아요.	You can give me your foreign registration.
호나우두	여기 있습니다.	Here it is.

새단어 _New Words

통장	bankbook	뽑다	to take out, to select	여기 있습니다.	Here it is.
번호표	number card	번호	number	직원	staff
신청서	application form				

발음 Pronunciation

'증' (증명서)이 단어 뒤에 오면 'ㅈ'이 된소리 '[ㅉ]'로 발음된다.

The first consonant 'ㅈ' of '증' is pronounced in [ㅉ] when '증(meaning certificate)' is connected words.

외국인등록증[외구긴등녹쯩]　　신분증[신분쯩]

- 다음을 읽어보세요.

학생증　　면허증　　허가증　　출입증

어휘 Vocabulary

은행 (Bank)

타행송금/입금	sending money to order bank
무통장 입금	making a deposit without a bankbook
지급표	receipt
서명	signature
송금	remittance, sending money
입금	deposit
예금주	account holder
주민등록번호	resident registration number
외국인등록번호	foreigner registration number
계좌번호	account number
연락처	contact number
수수료	commission, charge
수표	check
현금	cash
도장	seal, stamp
신분증	identity card, ID card
비밀번호	password
환전	exchanging money

우체국 (Post Office)

편지	letter
택배	parcel delivery service
소포	parcel
우편	mail, post
빠른 우편	express mail
보통 우편	ordinary mail(post)
항공 우편	air mail, aviation, flight
배편	by ship
무게	weight
중량	weight
요금	charge, fee
편지지	letter paper
편지봉투	envelope
우표	stamp
엽서	postcard
보내는 사람	sender
받는 사람	recipient

문법 Grammar Focus

● N + 에게, 한테, 께 (to, at, for)

명사의 뒤에 붙는다. 여격을 표시하는데, 동작의 목적, 대상이 되는 사람을 나타낼 때 사용한다. 문어체에서는 '에게'를 사용한다. 구어체에서는 '한테'를 사용한다. 명사가 화자와 주어보다 높은 인물일 때 '께'를 사용한다. '께'를 사용할 때 동사가 바뀌는 경우가 있다. 주다 → 드리다, 묻다 → 여쭙다. * 사람이 아닌 경우에는 '에'를 사용한다.

'에게, /한테, /께' They are the subject particles which indicates that a noun is a subject in a sentence. These particles usually attaches after a noun. '한테' usually appears more frequently in a colloquial speech while '에게' appears at written style. '께' is a subject particle of honorific usage. When the partcle '께' appears, usually we can find the honorific lexical usage of verbs like '드리다(give)' 여쭙다. '에' is used in inanimate objects.

친구**에게** 책을 주었습니다. /친구**한테** 책을 주었어요.

친구**에게** 옷을 선물하였습니다. / 친구**한테** 옷을 선물했어요.

동생**에게** 편지를 부쳤습니다. / 동생**한테** 편지를 부쳤어요.

선생님**께** 책을 드렸어요. / 부모님**께** 옷을 선물했어요. / 할아버지**께** 편지를 부쳤어요.

1. '에게' 와 '께' 가운데 하나를 고르세요.

(1) 친구(에게/께) 전화를 했어요.

(2) 어머니(에게/께) 선물을 드렸어요.

(3) 동생(에게/께) 그림을 가르쳤어요.

(4) 선생님(에게/께) 제 문제를 말씀 드렸어요.

(5) 아이(에게/께) 아이스크림을 사 주었어요.

2. 다음 그림을 보고 대화를 만들어 보세요.

(1) 가: 누구에게 전화를 했어요?

나: 동생이 미국에 있어요.

그래서 ______________.

(2) 가: 누구에게 중국어를 가르쳐요?

나: 한국 학생 ______________.

(3) 가: 친구에게 편지를 보냈어요?

나: 아니요, 어머니 ______________.

(4) 가: 이 가방은 누구에게 줄 거예요?

나: 남자 친구 ______________.

(5) 가: 어디에 전화했어요?

나: ______________ 전화했어요.

● V + (으)러 가다/오다 (go/come in order to)

이동을 나타내는 동사인 '가다, 오다' 따위의 목적을 나타낼 때 사용한다. 동사가 자음으로 끝나면 '으러'를 사용한다: 먹으러 가다. 동사가 모음이나 'ㄹ'로 끝나면 '-러'를 사용한다: 보러 가다, 놀러 가다.

This pattern expresses an intention or a movement for specified purpose. When the stem of a verb finishes with a vowel or the consonant ㄹ, '-러' is used while ends with consonants, '-으러' is attached.

사다	사 + 러 가다	사러 가다
먹다	먹 + 으러 가다	먹으러 가다
*만들다	만들 + 으러 가다	만들러 가다

친구 생일 선물을 **사러** 백화점에 **가요.**

점심 **먹으러** 식당에 **가요.**

한국 음식을 **만들러** 요리 학원에 **가요.**

1. 다음 문장을 연결하고 쓰세요.

(1) 밥을 먹다 •	• 도서관에 가요.
(2) 영화를 보다 •	• 공원에 갔어요.
(3) 외국어를 배우다 •	• 식당에 가요.
(4) 자전거를 타다 •	• 극장에 가요.
(5) 책을 빌리다 •	• 학원에 가요.

(1) → ______________________

(2) → ______________________

(3) → ______________________

(4) → ______________________

(5) → ______________________

새단어 _New Words

미용실	beauty shop
머리를 자르다	to get a haircut

2. 다음 그림을 보고 대화를 만들어 보세요.

(1) 가: 어제 왜 백화점에 갔어요?

나: ________________ 갔어요.

(선물을 사다)

(2) 가: 오늘 왜 친구 집에 가요?

나: ____________________ 가요.

(생일파티를 하다)

(3) 가: 방학에 왜 고향에 가세요?

나: ________________ 가요.

(쉬다)

(4) 가: 1년 동안 왜 중국에 가요?

나: __________________ 가요.

(중국어를 배우다)

(5) 가: 미용실에 가세요?

나: 네, __________________ 가요.

(머리를 자르다)

● V + 아/어/여야 되다(must)

어떤 일을 할 의무가 있을 때 사용한다.

This pattern expresses the idea of obligation or necessity.

가다	가 + 아야 되어요	가야 돼요
받다	받 + 아야 되어요	받아야 돼요
먹다	먹 + 어야 되어요	먹어야 돼요
하다	하 + 여야 되어요	해야 돼요

바빠서 빨리 **가야 돼요.**

여기서 친구를 **기다려야 돼요.**

도서관에서는 조용히 **해야 돼요.**

새단어 _New Words

조용히 quietly, silently

1. 다음 문장을 완성하세요.

(1) 내일 시험이 있어요. 그래서 ________________.

(2) 이번 주말에 친구가 결혼해요. 그래서 ________________.

(3) 토요일에 집들이를 해요. 그래서 ________________.

(4) 친구와 해외여행을 할 거예요. 그래서 ________________.

(5) 영화가 3시에 시작해요. 그래서 지금 ________________.

2. 다음 대화를 만들어 보세요.

(1) 가: 내일 저와 같이 쇼핑할 수 있어요?

나: 미안해요. 내일 시험이 있어서 ________________.

(2) 가: 공항에 왜 가세요?

나: 언니가 한국에 와서 ________________.

(3) 가: 지금 만날 수 있어요?

나: 지금 안 돼요. 아파서 병원에 ________________.

(4) 가: 같이 영화를 볼 수 있어요?

나: 안 돼요. 집들이 때문에 음식을 ______________________.

● V + (으)면 안 되다(can't)

어떤 행위나 상태에 대한 금지를 나타낼 때 사용한다.

Use of '–(으)면' creates a conditional sentence. '–으면' occurs when the verb stem ends in a consonant other than 'ㄹ'. When the verb stem ends in a vowel, '–면' occurs. '안 되다' is a expression of prohibition of a certain act.

가다	가 + 면 안 돼요	가면 안 돼요
먹다	먹 + 으면 안 돼요	먹으면 안 돼요
주차하다	주차하 + 면 안 돼요	주차하면 안 돼요
*떠들다	떠들 + 면 안 돼요	떠들면 안 돼요

1. 문장을 만들어 보세요.

(1) 지금 집에 가다 → ______________________.

(2) 여기에서 음식을 먹다 → ______________________.

(3) 영화관에서 이야기하다 → ______________________.

(4) 수업시간에 늦다 → ______________________.

(5) 지금 핸드폰을 사용하다 → ______________________.

2. 다음 대화를 만들어 보세요.

(1) 가: 도서관에서 전화를 해도 돼요?

나: 아니요, ______________________.

(2) 가: 계단에서 뛰어도 돼요?

나: 아니요, ______________________.

(3) 가: 밤에 노래해도 돼요?

나: 아니요, ________________________________.

(4) 가: 여기에서 담배를 피워도 돼요?

나: 아니요, ________________________________.

(5) 가: 수업시간에 중국말을 해도 돼요?

나: 아니요, ________________________________.

3. 다음 그림을 보고 대답을 만들어 보세요.

(1) 가: 여기에서 음식을 먹어도 돼요?

나: ________________________________.

(2) 가: 동물원에서 사진을 찍어도 돼요?

나: ________________________________.

(3) 가: 이곳에 자동차를 주차해도 돼요?

나: ________________________________.

새단어 _New Words

주차하다	to park a car
떠들다	to make a noise
이야기하다	to talk, to converse
계단	stairs, steps
뛰다	to run, to jump
동물원	zoo

● N + (이)나 (or)

명사 뒤에 붙는다. 둘 이상의 명사를 같은 자격으로 연결할 때 사용한다. 연결되는 것 가운데 어떤 것이 선택돼도 좋다는 뜻을 나타낸다.

The auxiliary particle '(이)나' expresses the meaning of choice. Nouns ending in a consonant take '이나' and nouns ending in a vowel take '나'.

김밥이나 자장면 / 라면이나 떡볶이

커피나 주스 / 사이다나 콜라

1. 다음 그림에서 두 가지를 선택하여 문장을 만드세요.

(1) ______________________________ 을/를 마시겠어요.

(2) ________________________________ 을/를 그리세요.

(3) ______________________________ 을/를 받고 싶어요.

(4) 저녁에 보통 _________________________ 을/를 해요.

(5) 저는 자주 ____________________을/를 만들어요.

2. 다음 대화를 만들어 보세요.

(1) 가: 무슨 과일을 드시겠어요?

나: ____ (사과 – 배)

(2) 가: 한국에서 어디에 가고 싶어요?

나: ____ (설악산 – 제주도)

(3) 가: 지선 씨는 어떤 선물을 받고 싶어요?

나: ____ (화장품 – 꽃)

(4) 가: 방학에 무엇을 배우고 싶어요?

나: _______________________________________ (한국요리 – 한국노래)

(5) 가: 주말에는 뭐 하세요?

나: ____ (등산 – 쇼핑)

새단어 _New Words

떡볶이	a broiled dish of sliced rice cake, meat and hot seasoning
사이다	soda pop, carbonated drinks
배	pear
화장품	cosmetics

활동 Task

Read

- 다음 그림에 맞는 단어를 연결하세요.

1. 

2. 

3. 

4. 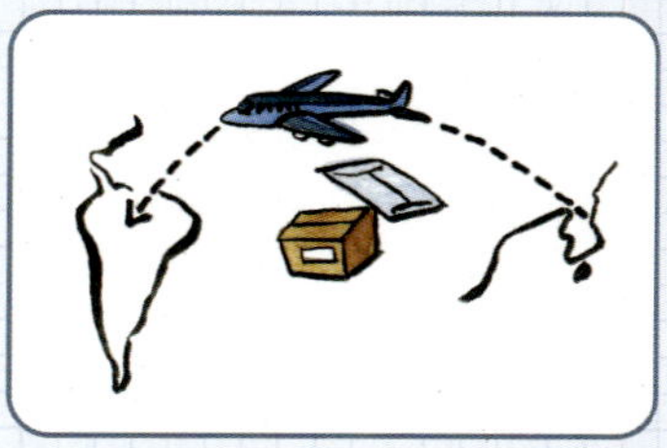

5. 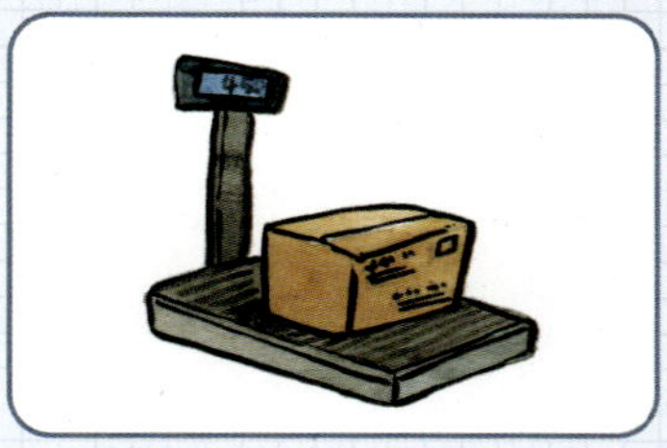

- 편지
- 택배
- 소포
- 저울
- 항공 우편

새단어 _New Words

저울	scale

Listen

1 잘 듣고 (　　　)에 알맞은 말을 쓰세요. Track 67

1. (　　　　　)에 (　　　　　)을/를 보냅니다.

2. (　　　　　)에 제일 빠른 우편으로 (　　　　　)을/를 부칩니다.

3. 중국에 (　　　　　)으로 보내면 (　　　　　)일 걸립니다.

4. 부산에 (　　　　　)을/를 (　　　　　)으로 보내면 3~4일 걸립니다.

2 잘 듣고 맞으면 ○, 틀리면 × 표 하세요. Track 68

1. 소포를 미국에 보냅니다. (　　　)

2. 소포 안에는 옷과 책이 있습니다. (　　　)

3. 소포를 보통우편으로 보내면 20,000원입니다. (　　　)

4. 소포를 비행기로 보냅니다. (　　　)

Read

• 다음 엽서를 읽고 질문에 답하세요.

우 편 엽 서

링링 씨에게

링링 씨, 안녕하세요?
지난 금요일에 반 친구하고 롯데월드에
잘 갔어요? 어땠어요? 재미있었어요?
저도 가고 싶었어요. 그런데 감기 때문에
몸이 너무 아파서 일어날 수 없었어요.
그래서 일주일 동안 학교에 갈 수 없었어요.
그렇지만 지금은 아프지 않아요.
다음 주에는 학교에 갈 수 있어요.
그럼 다음 주에 학교에서 만나요.
잘 있어요.

2010. 5. 1.
유키

보내는 사람 유키
서울시 동작구 노량진동 452
행복고시원 302호
□□□-□□□

받는 사람 링링
서울시 용산구 청파동 53-12
숙대 국제관 203호
□□□-□□□

1. 유키는 누구에게 엽서를 썼습니까?

2. 유키는 지난 금요일에 친구를 왜 만날 수 없었습니까?

3. 유키는 며칠 동안 학교에 가지 못했습니까?

4. 위의 내용과 같으면 ◯, 틀리면 ✕ 하세요.

① 유키는 지난주에 건강했습니다. ( )

② 유키는 놀이공원을 좋아합니다. ( )

③ 유키는 다음 주에 학교에 갈 수 있습니다. ( )

④ 유키는 지금 가족과 함께 삽니다. ( )

새단어 _New Words

때문에	for that reason, because of
일주일	one week
며칠 동안	for a few days
놀이공원	amusement park

Write

- 친구에게 엽서를 써 보세요.

우 편 엽 서

보내는 사람 ______________________

____

____

□□□-□□□

받는 사람 ______________________

____

____

□□□-□□□

Read

1 다음 그림에 맞는 단어를 연결하세요.

1. 

2. 

3. 

4. 

5. 

- 수표
- 통장
- 신용카드
- 도장
- 신분증

2 현금 인출기(ATM)를 사용해 보세요.

돈을 찾습니다

① 화면을 봅니다.

② 카드, 통장을 선택합니다.

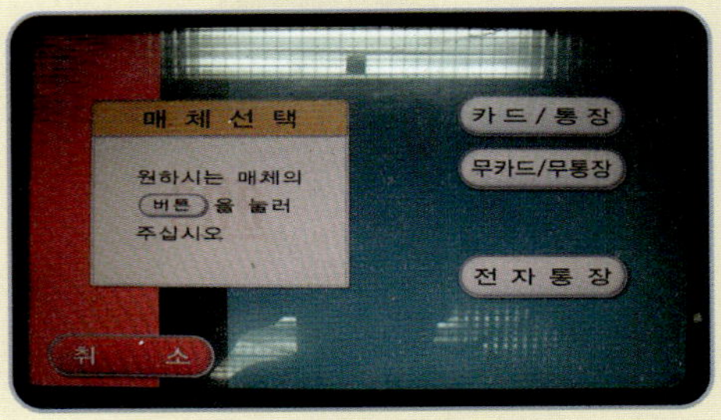

③ 카드를 넣습니다.

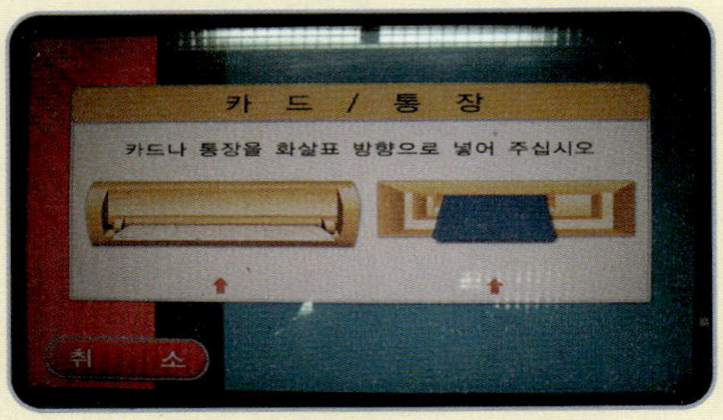

④ 비밀번호를 누릅니다.

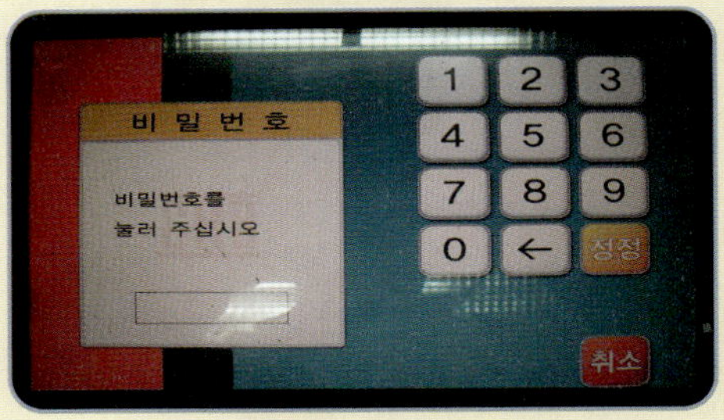

⑤ 금액을 누릅니다.

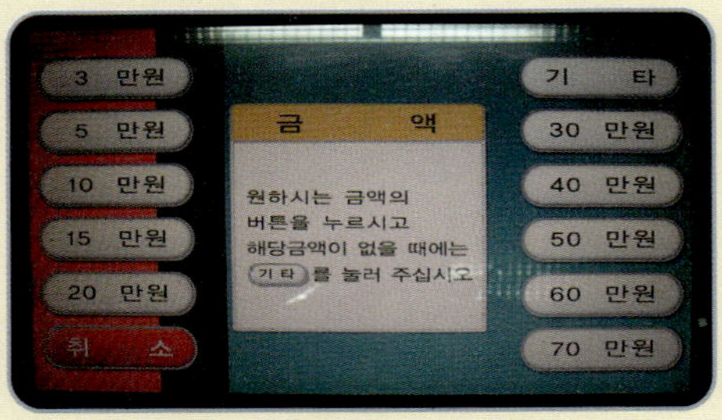

⑥ 현금을 받습니다.

⑦ 카드를 받습니다.

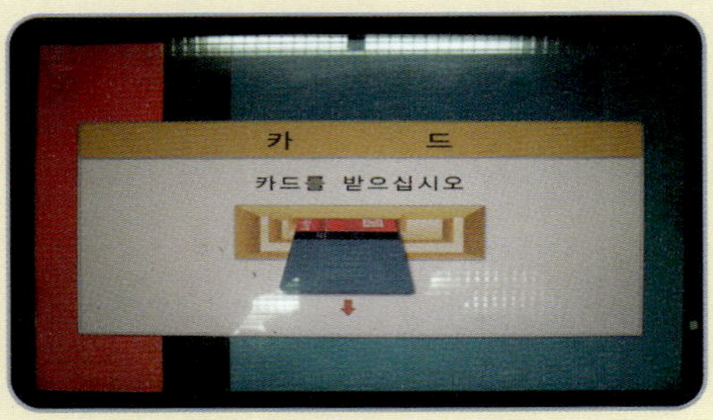

새단어 _New Words

화면 screen

Talk

• 다음 그림을 보고 대화해 보세요.

직원: 어떻게 오셨습니까?

손님: 통장을 만들고 싶어요.

직원: 신청서를 쓰세요.

손님: 여기 다 썼어요.

직원: 여기에 도장을 찍으세요. 그리고 신분증을 주세요.

손님: 여기 있습니다.

직원: 잠깐만 기다려 주세요.

① 돈을 찾다/출금하다 : 신청서를 쓰다 – 도장을 찍다 – 통장과 신분증을 주다

② 돈을 보내다/송금하다 : 신청서를 쓰다 – 서명을 하다 – 돈과 신분증을 주다

③ 달러를 원화로 바꾸다/환전하다 : 신청서를 쓰다 – 서명을 하다 – 달러를 주다

④ 신용카드를 만들다 : 신청서를 쓰다 – 도장을 찍다 – 통장과 신분증을 주다

새 단어 _New Words

신청서	application form
도장을 찍다	to stamp

Listen

• 잘 듣고 질문에 알맞은 답을 쓰세요. Track 69

1. 손님은 왜 은행에 왔습니까?

① 돈을 찾고 싶어 합니다.
② 카드를 만들고 싶어 합니다.
③ 돈을 보내고 싶어 합니다.
④ 환전을 하고 싶어 합니다.

2. 신청서에 금액과 무엇을 써야 합니까?

① 계좌번호와 전화번호
② 비밀번호와 계좌번호
③ 주소와 이름
④ 카드번호와 통장번호

3. 신청서를 쓰고 무엇을 줘야 합니까?

① 도장과 통장
② 카드와 도장
③ 통장과 신분증
④ 도장과 돈

4. 도장이 없으면 어떻게 합니까?

5. 수수료는 얼마입니까?

새단어 _New Words

수수료	a commission

Read

1 다음 신청서를 읽고 질문에 답하세요.

돈을 찾을 때

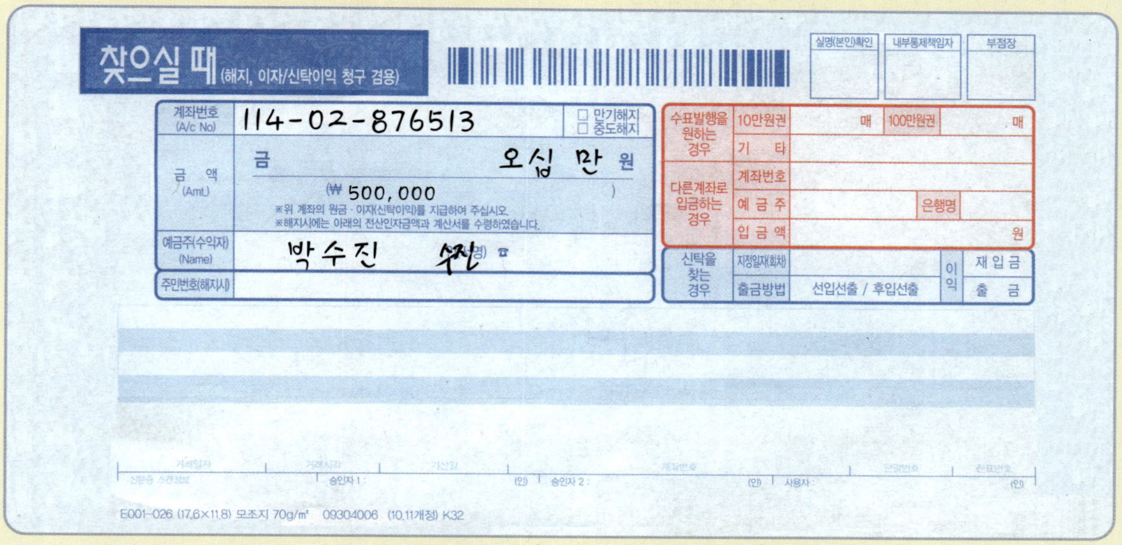

찾으실 때 (해지, 이자/신탁이익 청구 겸용)

계좌번호 (A/c No)	114-02-876513	□ 만기해지 □ 중도해지
금 액 (Amt.)	금 오십 만 원 (₩ 500,000) ※위 계좌의 원금·이자(신탁이익)를 지급하여 주십시오. ※해지시에는 아래의 전산인자금액과 계산서를 수령하였습니다.	
예금주(수익자) (Name)	박수진 (서명) ☎	
주민번호(해지시)		

수표발행을 원하는 경우	10만원권	매	100만원권	매
	기 타			
다른계좌로 입금하는 경우	계좌번호			
	예 금 주		은행명	
	입 금 액			원
신탁을 찾는 경우	지정일(회차)		이익	재 입 금
	출금방법	선입선출 / 후입선출		출 금

실명(본인)확인 | 내부통제책임자 | 부점장

E001-026 (17.6×11.8) 모조지 70g/m² 09304006 (10.11개정) K32

1. 계좌번호는 몇 번입니까?

2. 누가 돈을 찾습니까?

3. 돈을 얼마 찾습니까?

4. 도장을 찍었습니까? 사인을 했습니까?

2 다음 신청서를 써 보세요.

찾으실 때 (해지, 이자/신탁이익 청구 겸용)

계좌번호 (A/c No)		□ 만기해지 □ 중도해지
금 액 (Amt.)	금 원 (₩) ※위 계좌의 원금·이자(신탁이익)를 지급하여 주십시오. ※해지시에는 아래의 전산인자금액과 계산서를 수령하였습니다.	
예금주(수익자) (Name)	인(서명) ☎	
주민번호(해지시)		

수표발행을 원하는 경우	10만원권	매	100만원권	매
	기 타			
다른계좌로 입금하는 경우	계좌번호			
	예 금 주		은행명	
	입 금 액			원
신탁을 찾는 경우	지정일(회차)		이익	재 입 금
	출금방법	선입선출 / 후입선출		출 금

실명(본인)확인 | 내부통제책임자 | 부점장

3 다음 신청서를 읽어 보세요.

돈을 송금할 때/입금할 때

1. 얼마를 송금합니까?
2. 누구에게 돈을 보냅니까?

새 단어 _New Words

찾다	to find, withdrawal
사인하다	to sign one's name

4 다음 신청서를 써 보세요.

문화 **Cultural Notes**

한국의 화폐

Coin and paper money in Korea

In Korea, there are 10, 50, 100 and 500 won coins. For the paper money, 1,000, 5,000 and 10,000 won are issued. The story behind printed picture and coin is worth to understand Korean culture. Three paper money contains the picture of famous figures –Lee Hwang (lived around 1510-1570), Lee I(lived around 1536-1584) and King Sejong (1397-1450). Lee Hwang and Lee I were most intellectual and famous philosopher in the Lee Dynasty of Choseon Kingdom period. King Sejong is the most respectable king in Korean history who created Korean alphabet Hangeul. Nowdays new paper money, 50,000 won was issued. At this, first female figure appeared in this money. Sinsaimdang was an intellectual female scholar who was good at writing and drawing. Moreover she also was the mother of famous scholar, Lee Yulgok.

부록

Appendix

부록 1 유용한 표현 (Useful Expressions)

Here are basic daily expressions that you encounter everyday in the classroom or outside of the classroom in Korea. It's good to be familiar with these expressions from the beginning level.

- **Everyday Greetings**

안녕하세요?	How are you?
안녕히 계세요.	Good bye. (to the one staying)
안녕히 가세요.	Good bye. (to the one leaving)

- **Courtesies**

고맙습니다/ 고마워요.	Thank you.
감사합니다 /감사해요.	Thank you.
미안합니다/미안해요.	I'm sorry.
죄송합니다/죄송해요.	I'm sorry.
실례합니다/실례해요.	Excuse me.

- **Classroom Instructions**

따라 하세요.	Please, repeat after me.
읽어 보세요.	Please, read.
잘 들으세요.	Please, listen.
대답하세요.	Please, answer.
다시 한번 하세요.	Please, try it one more time.
숙제 내세요.	Please, submit your assignments.
책을 펴세요.	Please, open your book.
질문 있어요?	Do you have a question?

부록 2 | 수 (Numbers)

	Sino-Korean	Native Korean
0	영	
1	일	하나(한)
2	이	둘(두)
3	삼	셋(세)
4	사	넷(네)
5	오	다섯
6	육	여섯
7	칠	일곱
8	팔	여덟
9	구	아홉
10	십	열
11	십일	열하나(열한)
12	십이	열둘(열두)
13	십삼	열셋(열세)
14	십사	열넷(열네)
15	십오	열다섯
16	십육	열여섯
17	십칠	열일곱
18	십팔	열여덟
19	십구	열아홉
20	이십	스물(스무)
30	삼십	서른
40	사십	마흔
50	오십	쉰
60	육십	예순
70	칠십	일흔
80	팔십	여든
90	구십	아흔
100	백	
1,000	천	
10,000	만	

부록 3 | 단위 명사 (Counters)

- **With Sino-Korean numbers**

단위 명사 / 수	층	분	과	년	월	일
	Floors of a building	Minutes	Lesson (in order)	Years	Months	Days
1	일 층	일 분	일 과	일 년	일 월	일 일
2	이 층	이 분	이 과	이 년	이 월	이 일
3	삼 층	삼 분	삼 과	삼 년	삼 월	삼 일
4	사 층	사 분	사 과	사 년	사 월	사 일
5	오 층	오 분	오 과	오 년	오 월	오 일
6	육 층	육 분	육 과	육 년	유 월	육 일
10	십 층	십 분	십 과	십 년	시 월	십 일
12	십이 층	십이 분	십이 과	십이 년	십이 월	십이 일

단위 명사 / 수	달러(불)	원	미터	학년	번	주일
	Dollars	Won (Korean Currency)	meter	School years	Numbers (serial)	Weeks
1	일 달러	일 원	일 미터	일 학년	일 번	일 주일
2	이 달러	이 원	이 미터	이 학년	이 번	이 주일
3	삼 달러	삼 원	삼 미터	삼 학년	삼 번	삼 주일
4	사 달러	사 원	사 미터	사 학년	사 번	사 주일
5	오 달러	오 원	오 미터	오 학년	오 번	오 주일
6	육 달러	육 원	육 미터	육 학년	육 번	육 주일
10	십 달러	십 원	십 미터	십 학년	십 번	십 주일
12	십이 달러	십이 원	십이 미터	십이 학년	십이 번	십이 주일

- **With Native Korean numbers**

단위 명사 수	명/사람 People	분 People (honorific)	시 Point of time: 'the hour'	시간 Duration: 'hours'	달 Duration: 'months'	마리 Animals	살 Age: 'years old'	과목 Academic subject
1	한 명 한 사람	한 분	한 시	한 시간	한 달	한 마리	한 살	한 과목
2	두 명 두 사람	두 분	두 시	두 시간	두 달	두 마리	두 살	두 과목
3	세 명 세 사람	세 분	세 시	세 시간 네 시간	세 달	세 마리	세 살	세 과목
4	네 명 네 사람	네 분	네 시	 다섯 시간	네 달	네 마리	네 살	네 과목
5	다섯 명 다섯 사람	다섯 분	다섯 시	 여섯 시간	다섯 달	다섯 마리	다섯 살	다섯 과목
6	여섯 명 여섯 사람	여섯 분	여섯 시	 열 시간	여섯 달	여섯 마리	여섯 살	여섯 과목
10	열 명 열 사람	열 분	열 시		열 달	열 마리	열 살	열 과목

단위 명사 수	과 Number of lessons	개 Items	권 Volumes	장 Sheets (of paper)	병 Bottles	잔 Cups and glasses	번 Times	대 Vehicles, Cars
1	한 과	한 개	한 권	한 장	한 병	한 잔	한 번	한 대
2	두 과	두 개	두 권	두 장	두 병	두 잔	두 번	두 대
3	세 과	세 개	세 권	세 장	세 병	세 잔	세 번	세 대
4	네 과	네 개	네 권	네 장	네 병	네 잔	네 번	네 대
5	다섯 과	다섯 개	다섯 권	다섯 장	다섯 병	다섯 잔	다섯 번	다섯 대
6	여섯 과	여섯 개	여섯 권	여섯 장	여섯 병	여섯 잔	여섯 번	여섯 대
10	열 과	열 개	열 권	열 장	열 병	열 잔	열 번	열 대

부록 4 동사 활용표 (Verb Conjugation table)

	Informal polite present tense	Informal polite past tense	Formal polite present tense	Formal polite tast tense	Honorific present tense	Honorific past tense
	–(아/어/여)요	–(았/었/였)어요	–(스)ㅂ니다	–(았/었/였)습니다	–(으)세요	–(으)셨어요
가다	가요	갔어요	갑니다	갔습니다	가세요	가셨어요
갈아타다	갈아타요	갈아탔어요	갈아탑니다	갈아탔습니다	갈아타세요	갈아타셨어요
건너다	건너요	건넜어요	건넙니다	건넜습니다	건너세요	건너셨어요
나다	나요	났어요	납니다	났습니다	나세요	나셨어요
내다	내요	냈어요	냅니다	내었습니다/냈습니다	내세요	내셨어요
닫다	닫아요	닫았어요	닫습니다	닫았습니다	닫으세요	닫으셨어요
만나다	만나요	만났어요	만납니다	만났습니다	만나세요	만나셨어요
보내다	보내요	보냈어요	보냅니다	보냈습니다	보내세요	보내셨어요
사다	사요	샀어요	삽니다	샀습니다	사세요	사셨어요
서다	서요	섰어요	섭니다	섰습니다	서세요	서셨어요
이다	이에요/예요	이었어요/였어요	입니다	이었습니다/였습니다	이세요	이셨어요
일어나다	일어나요	일어났어요	일어납니다	일어났습니다	일어나세요	일어나셨어요
자다	자요	잤어요	잡니다	잤습니다	*주무세요	*주무셨어요
지내다	지내요	지냈어요	지냅니다	지냈습니다	지내세요	지내셨어요
켜다	켜요	켰어요	켭니다	켰습니다	켜세요	켜셨어요
타다	타요	탔어요	탑니다	탔습니다	타세요	타셨어요
끝나다	끝나요	끝났어요	끝납니다	끝났습니다	–	–
있다	있어요	있었어요	있습니다	있었습니다	*계세요	*계셨어요
죽다	죽어요	죽었어요	죽습니다	죽었습니다	–	*돌아가셨어요
먹다	먹어요	먹었어요	먹습니다	먹었습니다	*드세요/잡수세요	*드셨어요/잡수셨어요
되다	되어요/돼요	되었어요/됐어요	됩니다	되었습니다/됐습니다	되세요	되셨어요
쉬다	쉬어요	쉬었어요	쉽니다	쉬었습니다	쉬세요	쉬셨어요
잠자다	잠자요	잠잤어요	잠잡니다	잠잤습니다	*주무세요	*주무셨어요
감사하다	감사해요	감사했어요	감사합니다	감사했습니다	감사하세요	감사하셨어요
걱정하다	걱정해요	걱정했어요	걱정합니다	걱정했습니다	걱정하세요	걱정하셨어요
결혼하다	결혼해요	결혼했어요	결혼합니다	결혼했습니다	결혼하세요	결혼하셨어요
공부하다	공부해요	공부했어요	공부합니다	공부했습니다	공부하세요	공부하셨어요
노래하다	노래해요	노래했어요	노래합니다	노래했습니다	노래하세요	노래하셨어요
대답하다	대답해요	대답했어요	대답합니다	대답했습니다	대답하세요	대답하셨어요
도착하다	도착해요	도착했어요	도착합니다	도착했습니다	도착하세요	도착하셨어요
말하다	말해요	말했어요	말합니다	말했습니다	말하세요	말하셨어요
사랑하다	사랑해요	사랑했어요	사랑합니다	사랑했습니다	사랑하세요	사랑하셨어요

	Informal polite present tense	Informal polite past tense	Formal polite present tense	Formal polite tast tense	Honorific present tense	Honorific past tense
	-(아/어/여)요	-(았/었/였)어요	-(스)ㅂ니다	-(았/었/였)습니다	-(으)세요	-(으)셨어요
선물하다	선물해요	선물했어요	선물합니다	선물했습니다	선물하세요	선물하셨어요
시작하다	시작해요	시작했어요	시작합니다	시작하였습니다/ 시작했습니다	시작하세요	시작하셨어요
식사하다	식사해요	식사했어요	식사합니다	식사했습니다	식사하세요	식사하셨어요
싫어하다	싫어해요	싫어했어요	싫어합니다	싫어했습니다	싫어하세요	싫어하셨어요
약속하다	약속해요	약속했어요	약속합니다	약속했습니다	약속하세요	약속하셨어요
여행하다	여행해요	여행했어요	여행합니다	여행했습니다	여행하세요	여행하셨어요
연습하다	연습해요	연습했어요	연습합니다	연습했습니다	연습하세요	연습하셨어요
요리하다	요리해요	요리했어요	요리합니다	요리했습니다	요리하세요	요리하셨어요
운동하다	운동해요	운동했어요	운동합니다	운동했습니다	운동하세요	운동하셨어요
운전하다	운전해요	운전했어요	운전합니다	운전했습니다	운전하세요	운전하셨어요
이야기하다 (얘기하다)	이야기해요 (얘기해요)	이야기했어요 (얘기했어요)	이야기합니다 (얘기합니다)	이야기했습니다 (얘기했습니다)	이야기하세요 (얘기하세요)	이야기하셨어요 (얘기하셨어요)
인사하다	인사해요	인사했어요	인사합니다	인사했습니다	인사하세요	인사하셨어요
일하다	일해요	일했어요	일합니다	일했습니다	일하세요	일하셨어요
잘하다	잘해요	잘했어요	잘합니다	잘했습니다	잘하세요	잘하셨어요
전화하다	전화해요	전화했어요	전화합니다	전화하셨습니다	전화하세요	전화하셨어요
좋아하다	좋아해요	좋아했어요	좋아합니다	좋아했습니다	좋아하세요	좋아하셨어요
준비하다	준비해요	준비했어요	준비합니다	준비했습니다	준비하세요	준비하셨어요
질문하다	질문해요	질문했어요	질문합니다	질문했습니다	질문하세요	질문하셨습니다
청소하다	청소해요	청소했어요	청소합니다	청소했습니다	청소하세요	청소하셨습니다
초대하다	초대해요	초대했어요	초대합니다	초대했습니다	초대하세요	초대하셨습니다
축하하다	축하해요	축하했어요	축하합니다	축하했습니다	축하하세요	축하하셨습니다
출발하다	출발해요	출발했어요	출발합니다	출발했습니다	출발하세요	출발하셨습니다
하다	해요	했어요	합니다	했습니다	하세요	하셨습니다
보다	봐요	봤어요	봅니다	봤습니다	보세요	보셨어요
오다	와요	왔어요	옵니다	왔습니다	오세요	오셨어요
받다	받아요	받았어요	받습니다	받았습니다	받으세요	받으셨어요
벗다	벗어요	벗었어요	벗습니다	벗었습니다	벗으세요	벗으셨어요
신다	신어요	신었어요	신습니다	신었습니다	신으세요	신으셨어요
씻다	씻어요	씻었어요	씻습니다	씻었습니다	씻으세요	씻으셨어요
앉다	앉아요	앉았어요	앉습니다	앉았습니다	앉으세요	앉으셨어요
않다	않아요	않았어요	않습니다	않았습니다	않으세요	않으셨어요
웃다	웃어요	웃었어요	웃습니다	웃었습니다	웃으세요	웃으셨어요
읽다	읽어요	읽었어요	읽습니다	읽었습니다	읽으세요	읽으셨어요
입다	입어요	입었어요	입습니다	입었습니다	입으세요	입으셨어요

	Informal polite present tense	Informal polite past tense	Formal polite present tense	Formal polite tast tense	Honorific present tense	Honorific past tense
	–(아/어/여)요	–(았/었/였)어요	–(스)ㅂ니다	–(았/었/였)습니다	–(으)세요	–(으)셨어요
작다	작아요	작았어요	작습니다	작았습니다	작으세요	작으셨어요
좋다	좋아요	좋았어요	좋습니다	좋았습니다	좋으세요	좋으셨어요
찍다	찍어요	찍었어요	찍습니다	찍었습니다	찍으세요	찍으셨어요
찾다	찾아요	찾았어요	찾습니다	찾았습니다	찾으세요	찾으셨어요
배우다	배워요	배웠어요	배웁니다	배웠습니다	배우세요	배우셨어요
바꾸다	바꾸어요/ 바꿔요	바꾸었어요/	바꿉니다 바꿨어요	바꾸었습니다/ 바꿨습니다	바꾸세요	바꾸셨어요
싸우다	싸워요	싸웠어요	싸웁니다	싸웠습니다	싸우세요	싸우셨어요
주다	줘요	줬어요	줍니다	주었습니다/줬습니다	주세요	주셨어요
지우다	지워요	지웠어요	지웁니다	지웠습니다	지우세요	지우셨습니다
춤추다	춤춰요	춤췄어요	춤춥니다	춤췄습니다	춤추세요	춤추셨습니다
가르치다	가르쳐요	가르쳤어요	가르칩니다	가르쳤습니다	가르치세요	가르치셨어요
걸리다	걸려요	걸렸어요	걸립니다	걸렸습니다	걸리세요	걸리셨어요
그리다	그려요	그렸어요	그립니다	그렸습니다	그리세요	그리셨어요
기다리다	기다려요	기다렸어요	기다립니다	기다렸습니다	기다리세요	기다리셨어요
마시다	마셔요	마셨어요	마십니다	마셨습니다	*드세요/마시세요	*드셨어요/마시셨어요
부치다	부쳐요	부쳤어요	부칩니다	부쳤습니다	부치세요	부치셨어요
빌리다	빌려요	빌렸어요	빌립니다	빌렸습니다	빌리세요	빌리셨어요
지키다	지켜요	지켰어요	지킵니다	지켰습니다	지키세요	지키셨어요
치다	쳐요	쳤어요	칩니다	쳤습니다	치세요	치셨어요

('으' 불규칙)						
쓰다	써요	썼어요	씁니다	썼습니다	쓰세요	쓰셨어요
끄다	꺼요	껐어요	끕니다	껐습니다	끄세요	끄셨어요
바쁘다	바빠요	바빴어요	바쁩니다	바빴습니다	바쁘세요	바쁘셨어요

부록 5 | 형용사 활용표 (Adjective Conjugation table)

	Informal polite present tense	Informal polite past tense	Formal polite present tense	Formal polite tast tense	Honorific present tense	Honorific past tense	
	-아요	-았어요	-(스)ㅂ니다	-았습니다	-(으)세요	-(으)셨어요	
같다	같아요	같았어요	같습니다	같았습니다	같으세요	같으셨어요	
괜찮다	괜찮아요	괜찮았어요	괜찮습니다	괜찮았습니다	괜찮으세요	괜찮으셨어요	
낮다	낮아요	낮았어요	낮습니다	낮았습니다	낮으세요	낮으셨어요	
넓다	넓어요	넓었어요	넓습니다	넓었습니다	넓으세요	넓으셨어요	
높다	높아요	높았어요	높습니다	높았습니다	높으세요	높으셨어요	
느리다	느려요	느렸어요	느립니다	느렸습니다	느리세요	느리셨어요	
늦다	늦어요	늦었어요	늦습니다	늦었습니다	늦으세요	늦으셨어요	
많다	많아요	많았어요	많습니다	많았습니다	많으세요	많으셨어요	
맑다	맑아요	맑았어요	맑습니다	맑았습니다	맑으세요	맑으셨어요	
맛없다	맛없어요	맛없었어요	맛없습니다	맛없었습니다	-	-	
맛있다	맛있어요	맛있었어요	맛있습니다	맛있었습니다	-	-	
바쁘다	바빠요	바빴어요	바쁩니다	바빴습니다	바쁘세요	바쁘셨어요	
밝다	밝아요	밝았어요	밝습니다	밝았습니다	밝으세요	밝으셨어요	
비싸다	비싸요	비쌌어요	비쌉니다	비쌌습니다	-	-	
시다	시어요/셔요	시었어요/셨어요	십니다	시었습니다/ 셨습니다	-	-	
싫다	싫어요	싫었어요	싫습니다	싫었습니다	싫으세요	싫으셨어요	
싸다	싸요	쌌어요	쌉니다	쌌습니다	-	-	집값이~
아니다	아니요	아니었어요	아닙니다	아니었습니다	아니세요	아니셨어요	
없다	없어요	없었어요	없습니다	없었습니다	*안 계세요	*안 계셨어요	
있다	있어요	있었어요	있습니다	있었습니다	있으세요	있으셨어요	
작다	작아요	작았어요	작습니다	작았습니다	작으세요	작으셨어요	
재미없다	재미없어요	재미없었어요	재미없습니다	재미없었습니다	재미없으세요	재미없으셨어요	
재미있다	재미있어요	재미있었어요	재미있습니다	재미있었습니다	재미있으세요	재미있으셨어요	
적다	적어요	적었어요	적습니다	적었습니다	적으세요	적으셨어요	
적다	적어요	적었어요	적습니다	적었습니다	적으세요	적으셨어요	경험이 ~
좋다	좋아요	좋았어요	좋습니다	좋았습니다	좋으세요	좋으셨어요	
짜다	짜요	짰어요	짭니다	짰습니다	-	-	
짧다	짧아요	짧았어요	짧습니다	짧았습니다	짧으세요	짧으셨어요	
흐리다	흐려요	흐렸어요	흐립니다	흐렸습니다	흐리세요	흐리셨어요	

	Informal polite present tense	Informal polite past tense	Formal polite present tense	Formal polite tast tense	Honorific present tense	Honorific past tense
하다 형용사						
감사하다	감사해요	감사했어요	감사합니다	감사했습니다	감사하세요	감사하셨어요
건강하다	건강해요	건강했어요	건강합니다	건강했습니다	건강하세요	건강하셨어요
깨끗하다	깨끗해요	깨끗했어요	깨끗합니다	깨끗했습니다	깨끗하세요	깨끗하셨어요
따뜻하다	따뜻해요	따뜻했어요	따뜻합니다	따뜻했습니다	따뜻하세요	따뜻하셨어요
못하다	못해요	못했어요	못합니다	못했습니다	못하세요	못하셨어요
미안하다	미안해요	미안했어요	미안합니다	미안했습니다	–	–
시원하다	시원해요	시원했어요	시원합니다	시원했습니다	시원하세요	시원하셨어요
조용하다	조용해요	조용했어요	조용합니다	조용했습니다	조용하세요	조용하셨어요
죄송하다	죄송해요	죄송했어요	죄송합니다	죄송했습니다	–	–
친절하다	친절해요	친절했어요	친절합니다	친절했습니다	친절하세요	친절하셨어요
피곤하다	피곤해요	피곤했어요	피곤합니다	피곤했습니다	피곤하세요	피곤하셨어요
필요하다	필요해요	필요했어요	필요합니다	필요했습니다	필요하세요	필요하셨어요

('으' 불규칙)						
고프다	고파요	고팠어요	고픕니다	고팠습니다	고프세요	고프셨어요
나쁘다	나빠요	나빴어요	나쁩니다	나빴습니다	나쁘세요	나쁘셨어요
배고프다	배고파요	배고팠어요	배고픕니다	배고팠습니다	배고프세요/ *시장하세요	배고프셨어요/ *시장하셨어요
슬프다	슬퍼요	슬펐어요	슬픕니다	슬펐습니다	슬프세요	슬프셨어요
아프다	아파요	아팠어요	아픕니다	아팠습니다	아프세요	아프셨어요
예쁘다	예뻐요	예뻤어요	예쁩니다	예뻤습니다	예쁘세요	예쁘셨어요
크다	커요	컸어요	큽니다	컸습니다	크세요	크셨어요

('ㅂ' 불규칙)						
가깝다	가까워요	가까웠어요	가깝습니다	가까웠습니다	가까우세요	가까우셨어요
가볍다	가벼워요	가벼웠어요	가볍습니다	가벼웠습니다	가벼우세요	가벼우셨어요
고맙다	고마워요	고마웠어요	고맙습니다	고마웠습니다	고마우세요	고마우셨어요
귀엽다	귀여워요	귀여웠어요	귀엽습니다	귀여웠습니다	귀여우세요	귀여우셨어요
더럽다	더러워요	더러웠어요	더럽습니다	더러웠습니다	더러우세요	더러우셨어요
덥다	더워요	더웠어요	덥습니다	더웠습니다	더우세요	더우셨어요
두껍다	두꺼워요	두꺼웠어요	두껍습니다	두꺼웠습니다	두꺼우세요	두꺼우셨어요
뜨겁다	뜨거워요	뜨거웠어요	뜨겁습니다	뜨거웠습니다	뜨거우세요	뜨거우셨어요
맵다	매워요	매웠어요	맵습니다	매웠습니다	–	–
무겁다	무거워요	무거웠어요	무겁습니다	무거웠습니다	무거우세요	무거우셨어요

	Informal polite present tense	Informal polite past tense	Formal polite present tense	Formal polite tast tense	Honorific present tense	Honorific past tense
('ㅂ' 불규칙)						
반갑다	반가워요	반가웠어요	반갑습니다	반가웠습니다	반가우세요	반가우셨어요
쉽다	쉬워요	쉬웠어요	쉽습니다	쉬웠습니다	쉬우세요	쉬우셨어요
싱겁다	싱거워요	싱거웠어요	싱겁습니다	싱거웠습니다	–	–
아름답다	아름다워요	아름다웠어요	아름답습니다	아름다웠습니다	아름다우세요	아름다우셨어요
어렵다	어려워요	어려웠어요	어렵습니다	어려웠습니다	어려우세요	어려우셨어요
춥다	추워요	추웠어요	춥습니다	추웠습니다	추우세요	추우셨어요

부록 6 문법 목록 (Grammar Index)

Item	Meaning	
V+겠 I	The ending expressing intention or will	Lesson 9
V+겠 II	Expressing supposition	Lesson 10
V+고	Conjugational ending; and also, too	Lesson 7
V+고 나서	clausal connective	Lesson 8
V+고 싶다/고 싶어 하다	Auxiliary Verbs, wants to do~be	Lesson 9
V+기 때문에	The clausal connective, reason	Lesson 10
V+네요	The exclamatory ending	Lesson 10
단위 명사	Classified Noun	Lesson 5
못	Negative expression 'can't'	Lesson 6
무슨+N	Expression of 'what'	Lesson 2
ㅂ 불규칙	ㅂ irregular verbs	Lesson 7
V+습니다./습니까?	Verb ending, Polite formal style	Lesson 5
_____ 사람	Nationality	Lesson 1
V+아/어/여서 I	The clausal connective (cause)	Lesson 11
V+아/어/여서 II	and so; and then, so as to	Lesson 7
V+아/어/여야 되다	Expressing obligation or necessity	Lesson 12
V+아/어/여야 하다	one must ~ should ~ has got to do	Lesson 8
V+아/어/여 보다	Exploratory Auxiliary Verbs	Lesson 6
V+아/어/여요	Present tense marking and final verb ending, Informal Style	Lesson 2
V+아/어/여 주다	Expression as a favor, for the benefit of	Lesson 5
안	Negative expression 'not'	Lesson 5
V+어/아/여도 돼요?/돼요.	auxiliary verb expressing a permission	Lesson 11
V+었/았/였	Past tense ending	Lesson 6
N+에 I	Adverbial particle expressing a certain time	Lesson 2
N+에 II	Adverbial particle indicating a place or a location	Lesson 3
N+에 III	Adverbial particle denoting a value or proportion	Lesson 6
N+에게, 한테, 께	Adverbial particles, to, at, for	Lesson 12
N+에서	Locative Particle	Lesson 4
N+와/과	Connective particle 'and', 'with'	Lesson 4
V+(으)ㄴ/는	The Noun modifying form	Lesson 7
V+(으)ㄹ 거예요	Future tense ending	Lesson 9

Item	Meaning	
V+(으)ㄹ게요	The sentence ending/ willingness, Promise	Lesson 11
V+(으)ㄹ까요?	Special expressions using conjugational endings/ Do you suppose it is?	Lesson 9
V+(으)ㄹ 수 있다/없다	Expressing a possibility or an ability	Lesson 6
V+(으)ㄹ 줄 알다/모르다	knows how to do; knows the way to do	Lesson 4
V+(으)러 가다/오다	Auxiliary verb, (moves) for the purpose of	Lesson 12
N+(으)로	Adverbial particle denoting direction	Lesson 3
V+(으)면	if, provided, when, whenever	Lesson 8
V+(으)면 안 되다	The conditional ~(으)면 and Expression of prohibition	Lesson 12
V+(으)세요	Honorific ending pertaining polite expression	Lesson 3
N+을/를	Object particle	Lesson 2
N+이/가	subject particle	Lesson 1
N+(이)나	Auxiliary particle; the like or something	Lesson 12
N+이에요/예요	The copula 이다, Informal Style	Lesson 1
N+입니다./입니까?	The copula 이다, Formal Style	Lesson 1
V+지만	The clausal connective, 'but, although'	Lesson 10
V+지 않다	Auxiliary Verb; does ~ is not	Lesson 7
N+하고 I	Connective particle 'and'	Lesson 3
N+하고 II	Connective particle 'with'	Lesson 4

부록 7 | 듣기 지문 (Listening Script)

LESSON 01

Track 05

1 1. 가: 베라 씨는 스위스 사람이에요?
나: 네, 저는 스위스 사람이에요.
2. 가: 유리 씨는 중국 사람이에요?
나: 아니요, 저는 일본 사람이에요.
3. 가: 장 씨는 미국 사람이에요?
나: 아니요, 저는 프랑스 사람이에요.

Track 06

2 유키 씨는 일본 사람이에요. 마크 씨는 영국 사람이에요.
장 씨는 한국 사람이 아니에요. 프랑스 사람이에요.
유리 씨는 러시아 사람이에요.

Track 07

3 1. 브라질
2. 독일
3. 몽골

Track 08

1 1. 가: 마크 씨는 직업이 뭐예요?
나: 저는 회사원이에요.
2. 가: 하나코 씨는 의사예요?
나: 아니요, 저는 선생님이에요.
3. 가: 데이비드 씨는 직업이 뭐예요?
나: 저는 외교관이에요.

Track 09

2 1. 가: 미키 씨는 일본 사람이에요?
나: 네, 일본사람이에요.
가: 직업이 뭐예요?
나: 기자예요.
2. 가: 마리 씨는 미국 사람이에요?
나: 아니요, 프랑스 사람이에요.
가: 직업이 뭐예요?
나: 저는 회사원이에요.
3. 가: 존 씨는 이탈리아 사람입니까?
나: 아니요, 영국 사람입니다.
가: 직업이 뭐예요?
나: 학생이에요.
4. 가: 올가 씨는 독일 사람이에요?
나: 아니요, 러시아 사람이에요.
가: 직업이 뭐예요?
나: 저는 교수예요.

Track 10

3 1. 요리사
2. 가수
3. 운동선수

LESSON 02

Track 14

1 데이비드: 내일 시간 있어요?
베라: 내일이 며칠이에요?
데이비드: 10월 5일이에요.
베라: 네, 시간 있어요. 왜요?
데이비드: 내일 제 생일이에요. 같이 점심 먹어요.
베라: 좋아요, 몇 시에 만나요?
데이비드: 오전 11시에 만나요.
베라: 오전은 안 돼요.
데이비드: 그럼 오후 1시에 만나요.

Track 15

2 데이비드: 내일 시간 있어요?
베라: 내일이 며칠이에요?
데이비드: 10월 5일이에요.
베라: 네, 시간 있어요. 왜요?
데이비드: 내일 제 생일이에요. 같이 점심 먹어요.
베라: 좋아요, 몇 시에 만나요?
데이비드: 오전 11시에 만나요.
베라: 오전은 안 돼요.
데이비드: 그럼 오후 1시에 만나요.

Track 16

3 오늘은 토요일이에요.
나카타는 아침 9시에 일어나요.
그리고 10시에 농구를 해요.
12시에 점심을 먹어요.
오후 1시에 청소를 해요.
그리고 2시간 공부를 해요.
4시에 텔레비전을 봐요.
저녁 7시에 여자 친구를 만나요.

LESSON 03

Track 21

1 1. 가방이 책상 앞에 있어요.
2. 호나우두가 나무 뒤에 있어요.
3. 고양이가 나무와 의자 사이에 있어요.

Track 22

2 1. 화장실 오른쪽에 욕조가 있어요. 욕조 뒤에 비누하고 수건이 있어요. 욕조 왼쪽에 변기가 있어요.
2. 부엌 가운데에 냉장고가 있어요. 냉장고 안에 빵하고 우유가 있어요. 냉장고 위에 컵이 있어요.

Track 23

1 1. 데이비드: 베라 씨는 오늘 뭐 하세요?
베라: 저는 오늘 백화점에 가요.
데이비드: 백화점에 어떻게 가세요?
베라: 버스로 가요.
데이비드: 버스로 얼마나 걸려요?
베라: 20분쯤 걸려요.
2. 호나우두: 지선 씨, 어디에 가세요?
지선: 저는 친구하고 노래방에 가요.
호나우두: 어떻게 가요?
지선: 걸어서 가요.
호나우두: 얼마나 걸려요?
지선: 15분쯤 걸려요.
3. 유리: 링링 씨, 내일 어디에 가세요?
링링: 저는 수영장에 가요.
유리: 어떻게 가요?
링링: 친구 차로 가요.
유리: 얼마나 걸려요?
링링: 10분쯤 걸려요.

LESSON 04

Track 27

1 1. 데이비드: 베라 씨는 주로 어떤 운동을 하세요?
베라: 저는 주말에 테니스를 쳐요.
데이비드: 테니스를 칠 줄 아세요?
베라: 그럼요, 칠 줄 알아요. 데이비드 씨는요?
데이비드: 저는 테니스 칠 줄 몰라요. 그런데 배드민턴을 칠 줄 알아요.
베라: 저도 배드민턴을 칠 줄 알아요. 주말에 같이 칠까요?
데이비드: 네, 좋아요. 공원에서 같이 쳐요.

LESSON 05

Track 32

1 1. 가: 슈퍼마켓 전화번호는 몇 번이에요?
나: 938-7652이에요.
2. 가: 중국집 전화번호는 몇 번이에요?
나: 357-4650이에요.
3. 가: 치킨집 전화번호는 몇 번이에요?
나: 2653-5898이에요.
4. 가: 피자집 전화번호는 몇 번이에요?
나: 1566-2929이에요.
5. 가: 우체국 전화번호는 몇 번이에요?
나: 546-2578이에요.

Track 33

2 가: 호나우두 씨 사무실 번호가 몇 번이에요?
나: 2344-1355이에요.
가: 민호 씨 사무실 번호가 몇 번이에요?
나: 710-5753이에요.
가: 유키 씨 사무실 번호가 몇 번이에요?
나: 978-3895이에요.

Track 34

3 남자: 여보세요.
유키: 여보세요? 민호 씨 휴대폰 아니에요?
남자: 아니에요, 몇 번에 거셨어요?
유키: 010-6910-1234요.
남자: 전화 잘못 거셨어요.
유키: 죄송합니다.

LESSON 06

Track 38

대화 1 링링: 지선 씨, 어제 어디에 갔어요?
지선 : 백화점에 갔어요.
링링: 무엇을 샀어요?
지선: 빨간색 지갑을 샀어요.
링링: 안 비싸요?
지선: 요즘 백화점이 세일 중이에요. 그래서 괜찮았어요.
링링: 얼마예요?
지선: 50,000원이에요.

대화 2 데이비드: 베라 씨, 어제 어디에 갔어요?
베라: 친구하고 명동에서 쇼핑을 했어요.
데이비드: 무엇을 샀어요?
베라: 청바지하고 운동화를 샀어요.
데이비드: 얼마예요?
베라: 청바지는 30,000원이에요. 그리고 운동화는 23,000원이에요.

LESSON 07

Track 42, Track 43

1 데이비드: 베라 씨는 가족이 몇 명이에요?
베라: 아버지하고 어머니, 여동생, 저 모두 네 명이에요.
데이비드: 저는 여섯 명이에요. 부모님, 형, 누나, 여동생, 저예요.
베라: 데이비드 씨는 누구를 닮았어요?
데이비드: 저는 아버지를 닮았어요. 베라 씨는 누구를 닮았어요?
베라: 저는 아버지를 닮지 않았어요. 어머니를 닮았어요. 그런데 여동생은 아버지를 닮았어요.

LESSON 08

Track 47

1. 의사: 어디가 아프세요?
   환자: 기침을 자주 해요.
2. 의사: 어디가 안 좋으세요?
   환자: 배가 아프고 열이 나요.
3. 의사: 어디가 편찮으세요?
   환자: 허리를 삐었어요.
4. 의사: 어디가 불편하세요?
   환자: 몸이 가려워요.

Track 48

1. 열이 많이 나요.
2. 밥을 많이 먹어서 배가 아파요.
3. 머리가 아파요.
4. 칼에 손을 베었어요.
5. 어제 등산을 했어요. 그래서 다리가 아파요.

LESSON 09

Track 52

1. 가: 어떤 음식을 좋아해요?
   나: 저는 자장면하고 짬뽕을 좋아해요.
   가: 저도 좋아해요.
2. 가: 오늘 어떤 식당에 갈까요?
   나: 저는 오늘 생선회를 먹고 싶어요.
   가: 그래요? 저도 오늘 생선회 먹고 싶어요.
3. 가: 주문하시겠어요?
   나: 치킨 버거 두 개하고 불고기 버거 한 개 주세요.
   가: 여기서 드실 거예요?
   나: 네, 여기서 먹을 거예요.
4. 가: 저녁에 우리 뭘 먹을까요?
   나: 스테이크 먹으면 어때요?
   가: 저는 생선회를 먹고 싶어요.
5. 가: 제가 오늘 점심을 사고 싶어요. 어떤 음식을 먹겠어요?
   나: 저는 매운 음식을 좋아해요.
   가: 그럼 우리 비빔냉면을 먹을까요?
   나: 좋아요.

Track 53

1. 가: 어서 오세요. 뭘 드시겠어요?
   나: 여기에서 뭐가 제일 맛있어요?
   가: 불고기가 맛있어요.
   나: 불고기 2인분 주세요.
2. 가: 뭐 먹고 싶어요?
   나: 피자 먹고 싶어요.
   가: 음료는 뭘 마시고 싶어요?
   나: 콜라를 마시고 싶어요.
   가: 여기요, 피자 한 판하고 콜라 한 병 주세요.

3. 가: 뭐 마실까요?
나: 레몬차를 마시고 싶어요.
가: 저는 오렌지주스를 마시고 싶어요.

LESSON 10

Track 57

1 오늘의 날씨입니다.
오늘은 춥고 바람이 불겠습니다.
오전에는 눈이 오겠지만 오후에는 맑겠습니다.
아침 기온은 영하 5도, 오후에는 영상 1도가 되겠습니다.
1. 오늘의 날씨는 어때요?
2. 아침 기온은 몇 도예요?

Track 58

2 내일은 오전에는 맑겠습니다. 그렇지만 오후에는 바람이 많이 불고 비가 오겠습니다.

LESSON 11

Track 62

호나우두: 제 친구가 집들이에 저를 초대했어요.
지선: 그래요? 재미있겠네요.
호나우두: 그런데 무슨 선물을 준비해야 해요?
지선: 보통 비누, 휴지를 선물해요.
호나우두: 꽃을 선물해도 돼요?
지선: 그럼요, 친구가 꽃을 좋아하면 괜찮을 거예요.
호나우두: 그럼 꽃을 사겠어요.

Track 63

호나우두: 저는 지난 주말에 돌잔치에 갔어요.
유키: 와- 정말요? 어땠어요?
호나우두: 손님들이 많이 왔어요.
유키: 뭐가 제일 재미있었어요?
호나우두: 돌잡이가 정말 재미있었어요. 돌잡이를 아세요?
유키: 네, 한국 친구가 가르쳐 줬어요. 아기는 무엇을 잡았어요?
호나우두: 연필을 잡았어요.
유키: 공부를 잘 하겠네요.
호나우두: 돈을 집으면 어떻게 돼요?
유키: 부자가 될 거예요.

LESSON 12

Track 67

1 1. 가: 어떻게 오셨습니까?
나: 편지를 보내고 싶어요.
가: 어디로 보내실 겁니까?
나: 독일로 보내고 싶어요.
2. 가: 어서 오십시오.
나: 미국에 소포를 보내고 싶어요.
가: 어떻게 보내실 거예요?
나: 제일 빠른우편으로 보내고 싶어요.
3. 가: 어떻게 오셨습니까?
나: 중국에 이 상자를 보내고 싶어요.
항공편으로 보내면 얼마예요?
가: 저울 위에 놓으세요. 2kg입니다.
15,000원입니다.
나: 얼마나 걸려요?
가: 2~3일 걸립니다.
4. 가: 이 소포를 부산에 보내고 싶어요.
나: 내용물이 뭐예요?
가: 옷이에요.
나: 빠른우편으로 보내실 거예요? 보통우편으로 보내실 거예요?
가: 보통우편으로요. 얼마나 걸려요?
나: 3-4일 정도 걸립니다.

Track 68

2 가: 소포를 보내고 싶어요.
나: 안에 뭐가 있어요?
가: 책하고 옷이 있어요.
나: 어디로 보내실 거예요?
가: 브라질이요. 비행기로 보내면 얼마예요?
나: 특급 우편은 15,000원이고 보통 우편은 10,000원이에요.
가: 배로 보내면 얼마예요?
나: 7,000원이에요.
가: 그럼 배로 보내 주세요.

Track 69

직원: 뭘 도와드릴까요?

손님: 돈을 송금하고 싶습니다.

직원: 여기 신청서에 계좌번호와 비밀번호, 금액을 써 주세요.

손님: 다 썼어요.

직원: 그리고 통장하고 도장을 주시겠어요?

손님: 도장이 없어요. 어떻게 해요?

직원: 서명하셔도 됩니다. 수수료는 1,000원입니다.